ACTIVITÉS

Gérard Vigner

écrire pour convaincre

Observer...
S'entraîner...
Écrire...

HACHETTE
Français langue étrangère

43, quai de Grenelle, 75905 Paris Cedex 15.

Dans la même collection

ACTIVITÉS

Titres parus ou à paraître

Pour chaque ouvrage, des corrigés sont également disponibles.

écrire
NIVEAU MOYEN

Odile Chantelauve

faire des affaires en français
NIVEAU AVANCÉ

Lydie Corado et Marie-Odile Sanchez-Macagno

compte-rendu, résumé, synthèse
NIVEAU AVANCÉ

Claire Charnet et Jacqueline Robin-Nipi

Pour découvrir nos nouveautés,
consulter notre catalogue en ligne,
contacter nos diffuseurs, ou nous écrire,
rendez-vous sur Internet :
www.hachettefle.fr

Couverture : Gilles Vérant

Conception et réalisation : Mosaïque

ISBN 978-2-01-155071-2

© Hachette Livre 1996, 43, quai de Grenelle 75905 Paris Cedex 15.
Tous droits de traduction, de reproduction et d'adaptation réservés pour tous pays.

AVANT-PROPOS

Argumenter, c'est essayer d'amener quelqu'un à partager un point de vue, une analyse, un jugement, qui au départ ne sont pas les siens. À cet effet, on apporte des raisons, des justifications, autrement dit des arguments.

Écrire pour argumenter, c'est entrer dans un univers de textes plus complexes dans leur élaboration que ceux constitués par des textes narratifs ou descriptifs. Il ne s'agit plus de représenter, mais de confronter des jugements ou des points de vue opposés. On ne peut argumenter que si l'on est capable de prendre en considération le point de vue de l'autre. On doit donc organiser son texte de façon à ce que le lecteur accepte de suivre la démarche d'argumentation. Argumenter c'est donc à la fois justifier un point de vue et négocier la présentation de ce point de vue avec le lecteur.

Cet ouvrage vise à fournir les éléments fondamentaux qui permettent de construire toutes sortes de textes argumentatifs :

- savoir d'abord rappeler les faits, c'est-à-dire ce qui constitue l'objet de l'argumentation (de quoi s'agit-il ?) ;

- mettre en relation des arguments ou des raisons avec une conclusion, ce qui constitue en somme la dimension logique de l'argumentation (arguments à l'appui) ;

- une argumentation pour être acceptée doit veiller à disposer convenablement les arguments (marquer les étapes), et n'exclut pas non plus que celui qui écrit puisse être plus directement présent dans son texte (prendre position) quand cela lui paraît nécessaire ;

- avec les chapitres « Se situer et argumenter pour... », on reprend l'ensemble des constituants du texte argumentatif pour les situer dans les mouvements les plus fondamentaux (concéder et réfuter), ces mouvements prenant place eux-mêmes à l'intérieur des grands domaines d'argumentation.

Chacun des chapitres comprend une situation de présentation, le texte qui peut être produit à cette occasion et des exercices d'application. Des références nombreuses sont proposées.

La rubrique « Les mots pour... » récapitule les formes linguistiques les plus couramment utilisées dans les opérations d'argumentation.

Tel qu'il se présente, l'ouvrage peut être utilisé aussi bien en classe dans le cadre d'une utilisation collective qu'en situation d'auto-apprentissage.

SOMMAIRE

DE QUOI S'AGIT-IL ?

On argumente sur des faits, des situations, des événements, sur ce qui constitue les données de référence du discours.

Sans reprendre ici tout ce qui concerne les éléments de représentation du monde, on abordera trois notions qui peuvent constituer le point de départ d'une activité d'argumentation :

*— la notion d'**événement** (p. 6) ;*
*— la notion de **changement** (p. 11) ;*
*— la notion d'**explication** (p. 17).*

On les retrouve en effet à chaque fois que le débat porte sur l'action de quelqu'un, sur des faits de nature variée ou sur un événement.

1. REPRÉSENTER UN ÉVÉNEMENT, DES ACTIONS

Un événement est constitué par un ensemble de faits, d'actions qui n'étaient pas initialement prévus ou qui revêtent un caractère exceptionnel.

Observons :

Deux cargos sont entrés en collision hier matin dans le chenal reliant la Seine à la mer, à trois kilomètres environ en aval de Honfleur (Calvados). Cinq marins ont été blessés, dont un grièvement. Ils ont tous été hospitalisés au Havre. Du carburant s'est échappé des moteurs et s'est répandu en nappe d'un kilomètre de long sur 500 mètres de large, provoquant une pollution. Le choc s'est produit vers 7h30, lorsque le *Darfur*, un transporteur de containers de 12 000 tonnes, battant pavillon chypriote et appartenant à la *Soudan Shipping Line*, a été victime d'une avarie subite de gouvernail. Il a alors percuté le *Happy Fellow*, un gazier de 4 400 tonnes, battant pavillon philippin, qui remontait le chenal à vide. Le *Darfur* est pour l'heure échoué sur un banc de sable, tandis que le *Happy Fellow*, fortement endommagé, sera remorqué vers le port du Havre dès que la marée le permettra.

Libération, 21.11.95, D.R.

Deux cargos qui se croisent dans un chenal, ce n'est pas un événement.
Deux cargos qui entrent en collision, c'est un événement.

Un événement est donc constitué de plusieurs facteurs qu'il faut identifier :
– les acteurs (qui ?) ....
– s'agit-il d'une action ou d'une suite d'actions (quoi ?) ....
– le lieu (où ?) ....
– le moment (quand ?) ....
– la manière (comment ?) ....
– avec une cause ? (pourquoi ?) ....
– avec une conséquence ? ....
– avec une intention ? ....

Dans une forme plus ramassée, la relation de l'événement peut se reformuler ainsi :

- Deux cargos sont entrés en collision hier dans le chenal reliant la Seine à la mer, à trois kilomètres en aval de Honfleur (Calvados). Cinq marins ont été blessés.

Le rappel de l'événement peut aussi se faire de manière très concise, comme dans un titre de journal :

- Deux cargos sont entrés en collision.
- Collision de deux cargos.

EXERCICES

I

À partir des données suivantes, rapportez en une phrase l'événement qui s'est produit.

a

Qui ?	chercheurs
Quoi ?	découverte fossiles
Où ?	Nord du Tchad
Quand ?	octobre 1995
Comment ?	
Pourquoi ?	
Conséquence ?	remise en question des théories sur les origines de l'homme

Des chercheurs ont découvert fossiles au nord Nord du Tchad en octobre 1995. Cette découverte a remise en question des théories sur les origines de l'homme

b

Qui ?	fusée Ariane 4
Quoi ?	satellite d'astronomie
Où ?	Kourou
Quand ?	17 novembre
Comment ?	
Pourquoi ?	exploration plus précise de l'univers
Conséquence ?	

Les satellite d'astronomie, la fusée Ariane 4 a été lancée à Kourou le 17 novembre pour expedié un exploration plus précise de l'univers

c

Qui ?	autocar
Quoi ?	percuter une maison
Où ?	Cronat (Saône et Loire)
Quand ?	hier matin
Comment ?	
Pourquoi ?	virage manqué
Conséquence ?	treize blessés

Un autocar a percuté une maison à Cronat hier matin à cause d'une virage manqué. L'accident a laissé treize blessés.

2

Classez à l'intérieur des tableaux les informations contenues dans les deux textes.

1. Alors que la direction a annoncé mardi son intention de supprimer 2 600 emplois sur 11 000, près de 500 personnes ont manifesté hier matin pendant une heure devant l'usine d'Argentan, dans l'Orne.

Le Parisien libéré, 21.06.96.

Qui ?	500 personnes
Quoi ?	ont manifesté
Où ?	devant l'usine d'Argentan dans l'Orne
Quand ?	hier matin
Comment ?	pendant une heure
Pourquoi ?	intention de supprimer 2600 emplois sur 11000
Conséquence ?	

2. Un motard de la police nationale, âgé de trente-trois ans, a trouvé une mort atroce hier un peu après minuit, écrasé par le convoi exceptionnel qu'il escortait le long de la route Nationale 2 au Bourget. Pour une raison inconnue, sa moto a heurté un panneau de signalisation, qui a déséquilibré l'engin et entraîné la chute du malheureux sous les roues du plateau qui transportait des éléments de charpente mesurant 38 mètres.

Le Parisien libéré, 21.06.96.

Qui ?	← *une moto*
Quoi ?	← *a heurté un panneau de signalisation*
Où ?	← *route Nationale 2 au Bourget*
Quand ?	← *un peu après minuit*
Comment ?	
Pourquoi ?	*raison inconnue*
Conséquence ?	← *une mort*

3

En vous aidant de l'exemple ci-dessous, transformez les énoncés suivants.

1. Deux cargos sont entrés en collision
   Collision de deux cargos.

2. Le nombre de spectateurs dans les salles de cinéma a considérablement chuté la semaine dernière.
   Chute de spectateurs dans les salles de cinéma.

3. L'usine de production de matériel électrique a licencié cinquante personnes.
   ✓ *Licenciement de cinquante personnes   50 licenciés*

4. L'équipe de France a battu l'équipe d'Israël par 3 buts à 2.
   France 3 Israël 2

5. Un Airbus a quitté la piste lors de son atterrissage hier à Orly.
   Airbus quitte piste

6. Les étudiants de l'université de Lille ont occupé les bureaux du rectorat.
   Étudiants occupent bureaux du rectorat

7. Un alpiniste français a disparu dans le massif de l'Annapurna.

Alpinist Français disparu

8. Le prix de l'essence a augmenté depuis hier de 45 centimes.

Augmentation de prix d'essence

9. Les touristes sont arrivés en masse au bord de la mer.

Touristes arrivent en masse

10. Les grands magasins ont exceptionnellement ouvert leurs portes ce dimanche.

Grands magasins ouvrent dimanche

11. Quatre véhicules se sont télescopés hier sur l'autoroute à cause du brouillard.

Quatre véhicules télescopés sur l'autoroute

12. Les agents des chemins de fer ont manifesté devant la préfecture.

Manifestation des agents des chemins de fer

13. La pollution atmosphérique dans les grandes villes a beaucoup augmenté.

Augmentation de pollution atmosphérique

4

Rapportez un événement spectaculaire ou extraordinaire qui s'est passé récemment dans votre ville ou dans votre région. Vous pouvez vous aider du tableau ci-dessous.

Qui ?	
Quoi ?	
Où ?	
Quand ?	
Comment ?	
Pourquoi ?	
Conséquence ?	

....

....

....

....

....

....

....

2. REPRÉSENTER LE CHANGEMENT, L'ÉVOLUTION

La notion de changement correspond à tout ce qui connaît une modification ou une transformation dans son état ou sa situation. Cette notion intervient très souvent pour rendre compte de ce qui se passe en nous ou hors de nous.

Observons :

Les transformations de la société industrielle au XIXe siècle.

L'essor de la productivité industrielle se fait inégalement dans le temps : des crises de surproduction reviennent régulièrement, entraînant un accroissement du chômage. Il est aussi inégal : seule l'Europe occidentale et les États-Unis bénéficient de cet essor. La révolution industrielle est à l'origine de profondes transformations sociales.

La puissance des propriétaires terriens décline au profit de la grande bourgeoisie industrielle. Les campagnes connaissent alors l'exode rural, amplifié alors par l'essor des chemins de fer.

Les paysans les plus pauvres s'endettent et sont en difficulté, surtout depuis le déclin de l'artisanat à domicile.

Le commerce est aussi bouleversé : de grands magasins offrant des marchandises à prix fixes sont créés (*Le Printemps* en 1865, *Le Bon Marché* en 1852) et concurrencent les petits boutiquiers.

D'après Anne Botton-Bouget, *Histoire-Géographie 6ème / 3ème*, Coll. Aide-Mémoire © Larousse, 1995.

Les noms et les verbes exprimant la notion de changement ou de transformation sont soulignés dans le texte.

Un certain nombre de domaines de sens peuvent être déjà délimités :
– ce qui va en augmentant : *essor, accroissement, surproduction, amplifier* ;
– ce qui exprime une diminution : *déclin* ;
– ce qui exprime des changements de façon plus générale : *transformation, est bouleversé.*

Il y a donc ce qui augmente, ce qui diminue, ce qui s'améliore, ce qui va bien, ce qui va moins bien.

Autrement dit, ce qui change d'un point de vue quantitatif, ce qui change d'un point de vue qualitatif.

EXERCICES

1

Les Français et la lecture

L'augmentation du nombre de lecteurs constatée au cours de ces dix dernières années est à mettre à l'actif des femmes, principalement. Le doublement de la surface des bibliothèques en dix ans y est aussi pour quelque chose.

Chez les hommes, la proportion des « bouquineurs » (ceux qui lisent près d'un livre par mois) diminue d'un quart (34 % en 1967 à 27 % en 1988 dans l'enquête INSEE) ; chez les femmes, le mouvement est d'ampleur à peine moindre mais de sens inverse (31 % en 1967 à 36% en 1988 dans l'enquête INSEE). Or cette croissance des « bouquineuses » n'est pas le fait des femmes de tous milieux sociaux. Les bouquineuses se raréfient chez les commerçants, artisans et patrons, chez les employés et les cadres moyens ; la décroissance est plus accentuée chez les cadres supérieurs et les professions libérales. Plus le milieu social est élevé, plus régresse la proportion de « bouquineuses ». En revanche, dans la même période, la proportion de « bouquineuses » augmente dans le personnel de service, chez les femmes d'ouvriers, chez les exploitants agricoles, chez les ménages d'inactifs et chez les salariés agricoles.

Sciences Humaines, n° 6, octobre 1994.

1. Dans le texte ci-dessus, soulignez les mots (noms ou verbes) qui expriment la notion de changement : ce qui augmente, ce qui diminue, ce qui s'améliore, ce qui va moins bien.

2. En vous servant d'un dictionnaire des synonymes ou d'un dictionnaire analogique, recherchez, pour chacun des mots soulignés, les mots de sens proche ou équivalent.

3. Regroupez les différentes idées du texte de manière à faire apparaître les changements.

4. Après avoir relu le texte, rédigez un paragraphe dans lequel vous précisez la nature du changement qui s'y trouve exprimée.

2

Complétez les phrases ci-dessous avec les mots de la liste suivante : *augmentation, augmenter, diminuer, réduire.*

Le seul moyen efficace pour ......réduire...... les transports urbains et leur nuisance, serait d'.......................... le prix des carburants de 7 % pendant vingt ans en termes réels. Selon l'étude entreprise par l'OCDE, l'.......................... progressive du prix des carburants pourrait .... d'un tiers le nombre de véhicules-kilomètres prévus sur cette période et de moitié la consommation de carburants.

Libération, 10.04.95, D.R

3

Complétez les phrases ci-dessous avec les mots de la liste suivante : *croissance, expansion, redresser, résorber, stabiliser.*

Attention, c'est déjà l'an 2000 !

Vous[1] ne pourrez pas non plus, à vous seul, quand bien même feriez-vous encore quelques enfants sous les ciels de lit des chambres de l'Elysée, ... notre démographie et rajeunir une population vieillissante. Quant au chômage qui touche 12,6 % de la population active, il va vous falloir une sacrée dose d'imagination pour le .... À elle seule, la reprise économique n'y suffira pas. Une croissance annuelle de 2,7 % serait nécessaire pour .... , au tournant du siècle, le niveau du chômage actuel. Pour passer de 12 à 8 % de chômeurs d'ici l'an 2000, il faudrait une .... régulière au moins égale à 3,5 %, et pour passer de 12 à 6 % une .... supérieure à 4 % .

1. Ce texte s'adresse au Président de la République.

L'Express, 27.04.95

4

Transformez les éléments figurant dans les documents ci-contre en un texte écrit qui exprime ce qui a changé ou ce qui va changer chez les Français.

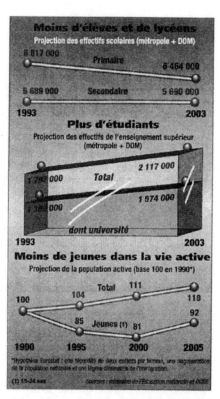

LES MOTS POUR EXPRIMER LE CHANGEMENT

● CE QUI NE CHANGE PAS

– (s') arrêter, arrêt
– (s') immobiliser, immobilisation
– (se) maintenir, maintien
– (se) stabiliser, stabilisation
– stagner, stagnation

● CE QUI CHANGE...

– bouleverser, bouleversement

... SANS ORIENTATION PARTICULIÈRE

– changer, changement
– évoluer, évolution
– se métamorphoser, métamorphose
– (se) modifier, modification
– révolutionner, révolution
– (se) transformer, transformation
– varier, variation
– muer, mutation

... DANS LE SENS D'UNE AUGMENTATION / AMÉLIORATION

d'un point de vue qualitatif :

– (s') améliorer, amélioration
– aller mieux
– (se) développer, développement
– s'épanouir, épanouissement
– essor
– progresser, progrès
– (se) redresser, redressement
– (se) rétablir, rétablissement

d'un point de vue quantitatif :

longueur :	– (s') allonger, allongement
	– (s') étirer, étirement
	– (se) prolonger, prolongement
	– (se) rallonger, rallongement
largeur :	– (s') élargir, élargissement
taille :	– croître, croissance
	– (s') élever, élévation
	– grandir, agrandissement
	– (se) hausser, hausse
surface :	– (se) déployer, déploiement
	– (s') étendre, extension
	– (s') étaler, étalement
	– (se) répandre
volume :	– (se) dilater, dilatation,
	– expansion
	– (se) gonfler, gonflement
	– grossir, grossissement

quantité :	– (s') accroître, accroissement
	– (s') ajouter, ajout/adjonction
	– (s') amplifier, amplification
	– (se) multiplier, multiplication
force :	– (s') intensifier, intensification
	– (se) renforcer, renforcement
vitesse :	– (s') accélérer, accélération
masse :	– (s') alourdir, alourdissement

... DANS LE SENS D'UNE DIMINUTION

d'un point de vue qualitatif :

– (s') abîmer
– (s') aggraver, aggravation
– (s') altérer, altération,
– décadence
– décliner, déclin
– se dégrader, dégradation
– (se) détériorer, détérioration
– régresser, régression

d'un point de vue quantitatif :

longueur :	– abréger
	– diminuer, diminution
	– (s') écourter
	– raccourcir, raccourcissement
largeur :	– (se) resserrer, resserrement
taille :	– diminuer, diminution
	– rapetisser
surface :	– rétrécir, rétrécissement
volume :	– (se) contracter, contraction
quantité :	– baisser, baisse
	– chuter, chute
	– décroître, décroissance
	– diminuer, diminution
	– limiter, limitation
	– se raréfier, raréfaction
	– réduire, réduction
	– restreindre, restriction
force :	– (s') affaiblir, affaiblissement
	– fléchir, fléchissement
masse :	– (s') alléger, allégement
vitesse :	– ralentir, ralentissement
en valeur absolue :	– disparaître, disparition
	– résorber, résorption

EXERCICES COMPLÉMENTAIRES

5

À l'aide du vocabulaire de la page précédente, complétez les phrases suivantes avec le substantif qui convient.

1. L'Union européenne doit s'élargir aux pays d'Europe centrale. Mais tous les spécialistes sont d'accord pour dire que cet .... doit se faire très progressivement.

2. La durée des études des jeunes Français s'est considérablement allongée depuis dix ans. Beaucoup pensent que cet .... est dû à la difficulté de trouver du travail.

3. Les équipements collectifs dans les grands ensembles se sont considérablement dégradés. Cette .... traduit l'absence d'intérêt des municipalités pour ce genre de quartier.

4. Les ventes de livres ont stagné l'an passé. Un certain nombre de libraires attribuent cette .... à la baisse de qualité de la production des éditeurs.

5. La France en vingt ans a connu un changement complet. Celui qui l'avait quittée à cette époque et qui la retrouverait maintenant ne la reconnaîtrait pas. Une telle .... montre bien que la France est un pays capable d'évoluer.

6. Le musée du Louvre était trop petit pour contenir toutes les collections qu'il avait dans ses réserves. Les travaux ont duré dix ans, mais on peut dire que son .... est une véritable réussite.

7. L'activité économique du pays reste au point mort. Les entreprises n'investissent pas. La production reste la même d'une année sur l'autre. Cette .... de l'économie ne manque pas d'inquiéter les observateurs internationaux.

8. Dans ce pays, les conflits politiques sont de plus en plus violents. On ne compte plus les affrontements dans la rue, les menaces entre hommes politiques de tous bords. Une telle .... du climat politique fait craindre le pire.

9. Il y a beaucoup moins d'accidents de voitures cette année. Une telle .... doit être attribuée à la politique de prévention lancée par le gouvernement.

6

Résumez le texte suivant en une phrase en utilisant un nom ou un verbe exprimant la notion de changement.

Les éléphants meurent énormément. Ils étaient un bon million en 1981 sur le continent africain, ils sont encore entre 400 et 700 000. Ils étaient 130 000 au Kenya en 1973, ils ne sont plus que 16 000, et au parc national de Rsavo, on en avait recensé 17 000 en 1972. Ils sont aujourd'hui 3 000. Chaque année, 50 000 éléphants sont tués « légalement » dans les pays où l'ivoire est une richesse naturelle comme d'autres. Et environ 50 000 autres tombent sous les balles des braconniers pour alimenter le marché clandestin.

Libération, 9.8.89, D.R.

7

Même consigne que pour l'exercice précédent.

En fait, sous l'effet conjugué de ces politiques et des transformations économiques et sociales, depuis la fin des années 80, la croissance démographique s'est nettement ralentie dans le tiers-monde, puisqu'elle est revenue à moins de 1,9 % par an. La baisse de la fécondité a continué dans des pays où elle avait commencé bien avant, comme ceux d'Amérique du Sud, ou d'Extrême-Orient, comme la Corée du Sud, ou encore Singapour qui arrivent à des chiffres très proches de l'Europe et du Japon. Elle a repris en Chine qui, avec 2 enfants par femme, rejoint aujourd'hui le niveau de... la Suède. Elle s'est étendue aussi en Asie du Centre et du Sud : après l'Inde, le Bengladesh est passé en dix ans de 6,2 à 4,7 enfants par femme, l'Iran de 6,5 à 4,6.

Le Monde Dossiers et documents, janvier 1995.

8

1. Rédigez un petit développement de dix lignes en rapportant tout ce qui a changé ces dix dernières années dans votre pays.

....

....

....

....

....

....

....

....

2. Vous êtes quelqu'un de particulièrement optimiste. Reprenez votre texte en insistant sur ce qui s'est amélioré.

3. Vous êtes quelqu'un de particulièrement pessimiste. Reprenez votre texte en insistant sur ce qui s'est dégradé.

3. RAPPORTER UNE EXPLICATION

Expliquer, c'est établir une relation de cause à effet entre deux faits, c'est faire apparaître la trame logique derrière l'événement.

Ainsi on peut faire deux constats séparés :

Le prix des places augmente régulièrement.	[A]	(cause)
Les gens vont de moins en moins au cinéma.	[B]	(effet)

Expliquer, c'est réunir ces deux constats dans un schéma explicatif global en utilisant un verbe à valeur explicative :

– de la cause [A] vers l'effet [B] :

- L'augmentation régulière du prix des places **entraîne / est responsable de** la baisse de fréquentation des cinémas.

– ou encore, de l'effet [B] vers la cause [A], si l'on adopte une vision inverse :

- La baisse de la fréquentation des cinémas **s'explique par / est due à** une augmentation régulière du prix des places.

DE LA CAUSE À L'EFFET, DE L'EFFET À LA CAUSE

A → B (DE LA CAUSE À L'EFFET)

– aboutir à	– conduire à	– être à l'origine de	– influencer
– affecter	– contraindre	– être responsable de	– occasionner
– agir sur	– contribuer à	– exciter	– permettre
– aider à	– déclencher	– expliquer	– précipiter
– avoir pour effet / résultat	– déterminer	– faciliter	– produire
– causer	– engager	– favoriser	– provoquer
– concourir à	– engendrer	– imposer	– se traduire par
	– entraîner	– inciter	– susciter

B → A (DE L'EFFET À LA CAUSE)

– avoir pour origine	– être dû à	– s'expliquer par	– provenir de
– découler	– être la conséquence de	– dépendre de	– résulter de

17

EXERCICES

I

Transformez les phrases suivantes en utilisant un verbe à valeur explicative.

1. Les syndicats réclament des augmentations de salaire parce que les prix ne cessent d'augmenter.

   L'augmentation constante des prix entraîne les syndicats à réclamer des augmentations de salaire.

   ....

2. La rivière a débordé et a inondé la route. La circulation a dû être arrêtée pendant trois jours.

   L'inondation de la rivière à conduit a un arret de la circulation pendant trois jours,

3. Le gouvernement a changé. Les activités économiques ont pu reprendre.

   Le changement du gouvernement a permis que les activités économique ont pu reprendre,

4. Les rivières sont moins polluées. On a installé de nouvelles stations de traitement des eaux usées.

   Les rivières moins polluées resulte de l'installation de nouvelles station de traitement des eaux usées,

5. L'entraîneur a mal préparé son équipe. Elle a perdu le match.

   La perte du match est du a que l'entraineur a mal préparé son équipe.

6. Les gens ne sont pas suffisamment attentifs. Le travail des voleurs est plus facile.

   Que le travail des voleurs soit plus facile est la consequence de que les

7. On insiste trop sur l'orthographe à l'école. Cela décourage les élèves d'écrire.

   ....

8. Il n'y a plus d'études sans stage en entreprise. Il s'agit de préparer les étudiants à mieux connaître le monde du travail.

   ....

   ....

9. Le prix des billets d'avion baisse. Le nombre de passagers augmente.

   ....

10. On allège les programmes de l'école primaire. Il y aura moins de redoublements.

   ....

2

Voici deux séries de faits.

Fait A	Verbe explicatif	Fait B
1. Le « mal-vivre » des jeunes dans les banlieues	*se traduit par*	1. rejets industriels
2. La victoire en Coupe de France		2. développement des maladies respiratoires
3. La ruine des paysans		3. diminution de spectateurs
4. La pollution des rivières		4. utilisation excessive du baladeur
5. Un certain nombre de jeunes souffrent de troubles de l'audition		5. chutes de pluie considérables
6. La multiplication des jeux vidéos		6. augmentation de la consommation de drogues
7. L'intensité de la circulation automobile dans les villes		7. meilleur entraînement de l'équipe de football
8. La fermeture des petites salles de cinéma		8. diminution de la lecture chez les enfants
9. Les glissements de terrain		9. sécheresse dans les campagnes

Reliez d'abord les faits entre eux puis expliquez leur relation (et le sens de cette relation). Utilisez le verbe qui vous paraît le mieux convenir.

1. *Le mal-vivre des jeunes dans les banlieues* **se traduit par / est responsable de** *l'augmentation de la consommation de drogues.*

2. ....

3. ....

4. ....

5. ....

6. ....

7. ....

8. ....

9. ....

3

Comment expliquez-vous les faits suivants ? Employez un verbe explicatif dans votre réponse.

1. La montée de la violence dans les banlieues des grandes villes.
   *La crise économique **est responsable** de la montée de la violence dans les grandes villes et les banlieues.*
   *La montée de la violence dans les grandes villes et les banlieues **est due** à la crise économique.*

2. Le succès du hard-rock.

3. L'augmentation du chômage.

4. La diminution régulière du nombre de mariages dans un pays comme la France.

5. Le succès de plus en plus confirmé des grandes expositions autour d'un grand peintre ou d'un mouvement artistique.

6. Le développement du tourisme.

7. La pratique du jogging chez les citadins.

8. La quasi-disparition des cirques.

9. La fermeture des petites épiceries de quartier.

10. La difficulté des femmes à percer dans la vie politique française.

....

....

....

....

....

....

....

....

....

....

....

ARGUMENTS À L'APPUI
LES RELATIONS LOGIQUES

Argumenter consiste à apporter des preuves à l'appui d'un jugement ou d'une conclusion que l'on veut faire partager à celui qui vous lit.

*L'argumentation peut s'appuyer sur des opérations de raisonnement, simples ou complexes, par la **relation logique** que l'on établit entre un fait et une cause, un fait et sa conséquence ou la conclusion que l'on peut en tirer. L'essentiel est de bien connaître les termes qui signalent la mise en œuvre dans le texte d'une opération de raisonnement. On s'intéressera ici à :*
*– la relation de cause : **donner des raisons, expliquer, (se) justifier** (p. 21) ;*
*– la relation de conséquence : **en conséquence...** (p. 26) ;*
*– une forme de raisonnement courante, la déduction : **raisonner, prouver** (p. 31).*

1. DONNER DES RAISONS, EXPLIQUER, (SE) JUSTIFIER

Donner des raisons, expliquer, (se) justifier, sont des opérations qui interviennent fréquemment en argumentation. Il ne suffit pas en effet d'affirmer. Il faut justifier, expliquer pour que le lecteur partage le point de vue de celui qui écrit, parvienne à la même conclusion.

Dans les grammaires, ces différentes opérations sont très souvent regroupées sous l'étiquette : expression de la cause / relation causale.

Observons :

Faut-il augmenter les salaires ?

Quand la situation économique s'améliore, quand les bénéfices des entreprises augmentent, les salariés demandent eux aussi à bénéficier de cette amélioration générale et réclament des augmentations de salaire.

Faut-il dans ces conditions augmenter les salaires ?

NON disent certains.	**OUI** répondent d'autres.
• Il faut donner la priorité à la création d'emplois.	• Le blocage des salaires n'a pas entraîné de créations d'emploi, à l'exception de quelques emplois précaires.
• La concurrence internationale est très vive. En augmentant les salaires on affaiblirait l'entreprise.	• Augmenter les salaires permet de relancer la consommation, donc la production, ce qui favorise l'emploi.
• Les profits des entreprises servent à financer les investissements.	• Les chefs d'entreprise ont des rémunérations d'un niveau extraordinairement élevé. Pourquoi refuser des augmentations à de simples salariés ?
• La productivité doit augmenter avant les salaires pour que les entreprises soient compétitives sur le marché mondial.	• L'évolution des salaires depuis plus de dix ans est inférieure à la productivité. Les salariés ont fait de gros efforts dans ce domaine.

1. Pour répondre affirmativement ou négativement à une question posée :

a) Pourquoi demander une augmentation des salaires ? La situation des entreprises est encore fragile.

On peut répondre :

• On doit augmenter les salaires **parce que** la consommation des Français, ces dernières années, s'est effondrée.

• On doit augmenter les salaires **à cause de** l'effondrement de la consommation, ces dernières années, chez les Français.

b) Pourquoi ne pas augmenter les salaires ? La situation des entreprises s'est améliorée.

On peut encore répondre :

• On ne peut pas augmenter les salaires **parce que** la concurrence internationale reste toujours très vive. Sinon, ce serait affaiblir l'entreprise.

• On ne peut pas augmenter les salaires **à cause de** la concurrence internationale qui reste toujours très vive. Sinon, ce serait affaiblir l'entreprise.

Si la question à laquelle on veut répondre affirmativement ou négativement est du type :

Une augmentation des salaires est-elle possible ?

On peut répondre :

• Une augmentation des salaires doit être envisagée, **car** c'est le seul moyen de relancer la consommation.

• Une augmentation des salaires ne peut pas être envisagée, **car** la concurrence internationale reste toujours très vive.

2. Pour expliquer sa position :

La productivité des entreprises s'est améliorée. Il faut augmenter les salaires. Qu'en pensez-vous ?

On peut répondre :

- **Puisque** la productivité des entreprises n'a cessé de s'améliorer depuis dix ans, une augmentation de salaire (me) paraît légitime.

On peut encore répondre :

- **Puisque** la productivité des entreprises s'est améliorée, nous devons en profiter pour renforcer leurs capacités de production et non augmenter les salaires.

3. Pour justifier sa position :

Est-il bien raisonnable d'augmenter les salaires dans un moment aussi difficile pour les entreprises ?

On peut répondre :

- Les salariés doivent être récompensés pour l'effort qu'ils ont fourni depuis dix ans. Ils ont accepté de voir sacrifier de nombreux emplois. Ils ont aussi considérablement amélioré leur productivité. **D'ailleurs,** quels sacrifices supplémentaires peut-on demander aux salariés, quand on connaît le niveau de rémunération des chefs d'entreprise ?

LES MOTS POUR INTRODUIRE
UNE EXPLICATION, UNE JUSTIFICATION...

... directement liée à la conclusion :

– parce que
– à cause de
– grâce à

... qui s'ajoute à l'information qui constitue l'élément essentiel de la réponse :

– car

... déjà connue de l'interlocuteur :

– puisque

... qui s'ajoute à des raisons ou des explications déjà données ; la nature de l'argument ainsi présenté est différente des autres arguments :

– d'ailleurs

Si la cause a un effet favorable, on pourra utiliser **grâce à** pour souligner cet aspect.
Si la cause ne fait pas l'objet d'une appréciation particulière ou si elle a pu avoir des effets négatifs, on utilisera **à cause de**.

- Les syndicats des personnels de l'industrie automobile et le patronat ont fait preuve de bonne volonté. Les négociations ont pu aboutir / un accord a pu être trouvé.
→ **Grâce à** la bonne volonté des syndicats et du patronat de l'industrie automobile, les négociations ont pu aboutir / un accord a pu être trouvé.

- Le gouvernement refuse d'envisager la moindre augmentation des salaires. Les négociations entre syndicats et patronat n'ont pu aboutir.
→ Les négociations entre syndicats et patronat de l'industrie automobile ont dû être interrompues **à cause du** refus du gouvernement d'envisager la moindre augmentation de salaire.

Une justification peut se fonder sur l'absence d'un élément particulier relevée dans une situation.

- **Faute de / En l'absence de** bonne volonté de part et d'autre, les négociations entre syndicats et personnels de l'industrie automobile n'ont pu aboutir / un accord n'a pu être trouvé.

EXERCICES

I

Vous êtes chef d'entreprise. Un institut de sondage vous adresse un questionnaire d'enquête sur les perspectives d'emploi dans les mois à venir.

Utilisez à chaque fois dans votre réponse l'expression qui vous paraît le mieux convenir.

1. Comptez-vous recruter du personnel dans les mois qui viennent ?

   – Dans l'immédiat, je ne compte embaucher personne, ... il n'y a pas de nouveaux débouchés

   pour mes produits.

2. Pourquoi ne comptez-vous pas embaucher du personnel dans les mois à venir ?

   – Il n'est pas possible d'embaucher, au moins dans l'immédiat, ... il n'y a pas de nouveaux débouchés

   pour mes produits.

3. La création de nouveaux emplois ne permettrait-elle pas de relancer l'activité économique ?

   – Il faut être logique. Je ne peux pas créer de nouveaux emplois dans mon entreprise, ... la reprise

   économique n'est pas là, ni les débouchés.

4. Votre entreprise a de nombreux marchés à l'exportation. Comptez-vous embaucher à nouveau ?

   – Faute de débouchés nouveaux à l'exportation, il ne m'est pas possible, au moins dans l'immédiat, de créer

   de nouveaux emplois. ...., la demande intérieure reste elle aussi toujours aussi faible.

2

On interroge un chef d'entreprise pour savoir s'il faut augmenter les salaires. Il y est hostile et expose ses raisons.

À partir des données ci-dessous et en utilisant, quand cela vous paraît nécessaire, les expressions vues précédemment, rédigez les commentaires du chef d'entreprise en faisant apparaître son argumentation.

– On ne doit pas augmenter les salaires.
– En augmentant les salaires on affaiblit les entreprises.
– Les profits des entreprises servent à financer les investissements.
– La concurrence internationale est très forte.
– La productivité doit augmenter avant les salaires.

3

On interroge un économiste pour savoir s'il faut augmenter les salaires. Il y est favorable et expose ses raisons.

Rédigez les commentaires de l'économiste en faisant apparaître son argumentation.

- On doit augmenter les salaires.
- L'augmentation des salaires permet de relancer la consommation.
- L'évolution des salaires depuis dix ans est inférieure à la productivité.
- Les chefs d'entreprise ont vu leur rémunération augmenter considérablement ces dernières années.

4

Vous souhaitez que l'on visite votre pays. À l'aide des connecteurs déjà présentés, justifiez ce choix auprès de vos lecteurs en évoquant ses différentes qualités.

- le climat ;
- le charme, l'attrait des villes ;
- la qualité ou la diversité des paysages ;
- l'originalité de la cuisine ;
- la gentillesse des habitants ;
- la vivacité des traditions.

5

Une revue s'adressant aux jeunes filles de 20 ans propose à ses lectrices un certain nombre de techniques pour rompre avec le garçon que l'on a aimé. Voici quelques-unes de ces techniques. Quelle est celle que vous pourriez adopter ? Justifiez votre choix.

MÉTHODE I *Au compte-gouttes*	Méthode 2 *« Il faut qu'on parle ! »*	MÉTHODE 3 *Le coup de la disparition*
Le principe : l'habituer à l'idée, le traiter comme un grand malade et distiller petit à petit des phrases qui devraient le mettre sur la voie : « Tu sais, entre nous, ce n'est plus pareil… je ne sais pas où j'en suis. J'ai besoin de réfléchir. » Bref, un départ tout en souplesse, amorcé comme un créneau difficile, car on ne veut surtout pas lui faire de la peine.	Une grande explication : « Je suis franche, d'ailleurs je serai directe : toi et moi, c'est fini, c'est la vie. Tu n'es pas en cause, moi non plus, mais j'embarque le yucca*. » * yucca : plante verte d'appartement en Europe.	Dès qu'il a le dos tourné, on vide les armoires, on embarque les robes à fleurs. Si on n'habite pas ensemble, on joue du répondeur non-stop. Lâche, vraiment lâche. On peut aussi, pour la postérité, griffonner un « tchao » au rouge à lèvres sur sa glace. Un peu sadique, mais c'est mieux que rien du tout.

20 ans, n° 105, juin 1995.

2. EN CONSÉQUENCE...

La relation de conséquence peut résulter d'un **raisonnement** *strict, comme elle peut dépendre du seul* **point de vue** *de la personne qui s'exprime.*

Un très grand nombre d'opérations de raisonnement et d'argumentation se fondent sur la conséquence ou la conclusion que l'on tire d'un constat, d'un fait ou d'une déclaration :

Les modes de formulation de cette relation sont très variés et dépendent de la façon dont on établit cette relation de conséquence.

A	a pour conséquence / permet de conclure	B
Elle ne m'a pas écrit.	→	Je n'irai pas lui rendre visite à son retour.
La météo annonce des chutes de neige.	→	Je vais partir plus tôt.
Le nombre des naissances diminue.	→	La population française vieillit.

Observons :

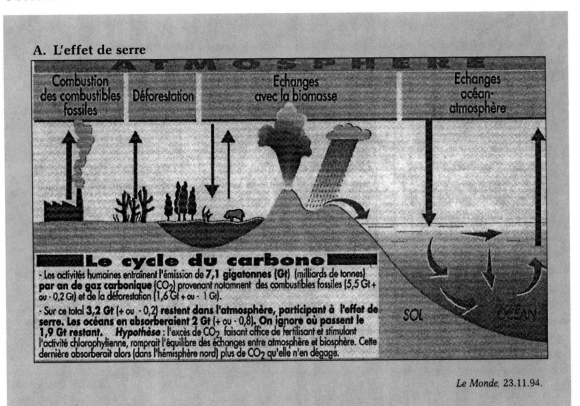

A. L'effet de serre

ATMOSPHÈRE

Combustion des combustibles fossiles — Déforestation — Échanges avec la biomasse — Échanges océan-atmosphère

Le cycle du carbone

- Les activités humaines entraînent l'émission de **7,1 gigatonnes (Gt)** (milliards de tonnes) par an de gaz carbonique (CO_2) provenant notamment des combustibles fossiles (5,5 Gt + ou - 0,2 Gt) et de la déforestation (1,6 Gt + ou - 1 Gt).
- Sur ce total **3,2 Gt** (+ ou - 0,2) restent dans l'atmosphère, participant à l'**effet de serre**. Les océans en absorberaient **2 Gt** (+ ou - 0,8). On ignore où passent le **1,9 Gt restant.** Hypothèse : l'excès de CO_2, faisant office de fertilisant et stimulant l'activité chlorophyllienne, romprait l'équilibre des échanges entre atmosphère et biosphère. Cette dernière absorberait alors (dans l'hémisphère nord) plus de CO_2 qu'elle n'en dégage.

SOL   OCÉAN

Le Monde, 23.11.94.

Un certain nombre d'activités humaines se traduisent par une très forte production de gaz carbonique : combustion de pétrole, combustion de charbon, déforestation, cultures diverses, élevage.

Le gaz carbonique absorbe les rayons infrarouges, les renvoie vers la Terre, ce qui réchauffe l'atmosphère et produit ce que l'on appelle **l'effet de serre** (la serre est un endroit où l'on met les plantes à l'abri du froid et du mauvais temps et où règne en général une température très douce).

La température moyenne du globe devrait s'élever de 2,9 degrés et le niveau des océans, par la fonte des glaces polaires, devrait s'élever de 40 à 80 mètres. Paris et les Pays-Bas devraient disparaître sous les eaux.

1. On établit une relation de conséquence sur la base d'un raisonnement strict.

• Le taux de gaz carbonique dans l'atmosphère aura doublé au XXIe siècle. Le niveau des océans va **donc** s'élever considérablement et faire disparaître des régions entières du globe.

• On sait le rôle joué par certains gaz dans l'effet de serre. Il faut **donc** réduire au maximum les émissions de gaz carbonique.

• L'homme, par ses activités, perturbe gravement son environnement. On doit **donc** étudier de façon très attentive tout ce qui peut modifier l'équilibre du climat.

2. On établit une relation de conséquence entre deux éléments explicitement posés, mais on insiste sur le lien ainsi établi entre ces deux éléments par celui qui s'exprime.

• Le taux de gaz carbonique est appelé à augmenter. **Par conséquent**, la température du globe va s'élever dangereusement.

• On sait le rôle joué par certains gaz dans l'effet de serre. Tout doit être fait, **par conséquent**, pour réduire au maximum les émissions de gaz carbonique.

• Les climats autrefois ont connu des variations importantes. **Par conséquent**, rien ne prouve que les variations actuelles sont liées à l'effet de serre.

On peut utiliser, avec les mêmes valeurs de sens : *en conséquence, c'est pourquoi, de ce fait, par suite.*

3. On établit une relation de conséquence, mais selon un point de vue plus personnel. La relation est moins dans les faits que dans la façon de voir de celui qui s'exprime.

• On peut continuer à répandre sans précaution du gaz carbonique dans l'atmosphère. Cela finira **alors** en catastrophe, avec des bouleversements climatiques imprévisibles.

• Rien n'est sûr en matière d'effet de serre. Le phénomène est trop complexe. Il faut faire de nouveaux calculs, poursuivre les recherches. **Alors**, il sera possible de prendre des mesures rigoureuses.

• La température du globe va augmenter, les glaces du pôle vont fondre. Le niveau des océans va s'élever. **Alors**, la plus grande partie des terres habitées disparaîtra.

4. On établit une relation de cause à effet de façon directe, sans passer par une opération de raisonnement.

> • On doit limiter la circulation automobile. **Ainsi**, le taux de gaz carbonique ira en diminuant.

> • Il faut poursuivre les recherches sur l'effet de serre, car les résultats actuels sont trop incertains. **Ainsi**, nous saurons exactement ce qu'il en est et nous pourrons prendre les mesures nécessaires.

Dans une relation de même nature, *aussi* introduit une conclusion qui relève d'abord de l'initiative de celui qui l'énonce.

> • On ne sait rien de précis sur le rôle des activités humaines dans l'existence de l'effet de serre. **Aussi** est-il souhaitable de réduire déjà les émissions de gaz carbonique.

> • On ne sait rien de précis sur le rôle des activités humaines dans l'existence de l'effet de serre. **Aussi** est-il préférable, avant de prendre des mesures coûteuses, de poursuivre les recherches.

LES MOTS POUR INTRODUIRE UNE RELATION DE CONSÉQUENCE

La conclusion est présentée de façon objective :
– donc

On explicite la relation consécutive :
– par conséquent
– en conséquence
– c'est pourquoi
– de ce fait
– par suite

La conclusion est introduite de façon subjective :
– alors
– dans ces conditions
– pour cette raison
– dès lors

On passe directement à la conclusion :
– ainsi
– aussi
– de telle sorte que
– de sorte que

EXERCICES

Complétez chacun de ces paragraphes par les formes ou expressions qui vous paraissent convenir.

1. Beaucoup de scientifiques affirment que le réchauffement global de la planète n'est pas une menace réelle. Il faut tenir compte de la présence de vapeur d'eau dans l'atmosphère qui peut accélérer l'effet de radiation de la Terre vers l'espace. L'élévation de température pourrait ...., disent les scientifiques, accroître la couverture nuageuse, et .... augmenter le pouvoir réfléchissant de l'atmosphère.

2. Le gaz carbonique n'est pas le seul responsable de l'effet de serre. Il faut tenir compte du méthane, un gaz redoutable, issu d'activités humaines aussi inoffensives que la culture du riz, l'élevage, le traitement des eaux

usées, l'extraction du charbon. La lutte contre le réchauffement de l'atmosphère exige .... le contrôle

d'un grand nombre d'activités dans le monde entier.

3. De nombreuses activités économiques produisent des gaz à effet de serre. Limiter la production de ces gaz

aura .... des effets économiques et sociaux non négligeables.

4. La lutte contre le réchauffement de l'atmosphère exige le contrôle d'un grand nombre d'activités dans le

monde entier, ce que beaucoup de gouvernements n'accepteront pas. Ce sera .... des conflits interminables

entre les pays.

Une conséquence peut résulter d'une série de choix possibles qui ont été progressivement écartés au fur et à mesure de leur développement, pour ne laisser subsister qu'une seule conclusion.

Observons :

B. Quel mode de transport choisir ?

M. Martin dirige à Paris une petite entreprise de laveries automatiques : cinq magasins dans cinq parties différentes de Paris. Il doit les visiter quotidiennement pour voir si tout se passe bien. M. Martin doit donc se déplacer toute la journée dans Paris. Quel moyen de transport va-t-il choisir ?

Moyens de transport	Inconvénients
– l'automobile	– embouteillages
– le taxi	– cher
– le métro	– éloignement des stations
– l'autobus	– trop lent
le vélomoteur ou le scooter	

1. Premier choix possible :

• L'automobile, **mais** les embouteillages et les difficultés de stationnement rendent son usage difficile.

2. Deuxième choix possible :

• **On peut** utiliser **aussi** le taxi, **mais** cela revient très cher et, de plus, il est très difficile d'en trouver aux heures de pointe.

3. **Troisième choix possible :**

   - **Il y a bien** le métro, **mais** les stations sont souvent éloignées de l'endroit où il faut se rendre.

4. **Quatrième choix possible :**

   - **Quant à** l'autobus, il est **beaucoup trop** lent et irrégulier.

Conséquence / Conclusion :

   - **Ainsi**, le vélomoteur ou le scooter est le seul moyen de transport rapide et pratique pour se déplacer dans une grande ville.

EXERCICES

Voici une série de possibilités avec leurs inconvénients. Un choix à retenir comme conséquence logique de tout ce qui a été examiné est proposé en bas de tableau. Rédigez, sur une feuille séparée, le texte argumentaire correspondant en choisissant le terme qui vous paraît le mieux marquer la conséquence tirée des éléments qui précèdent.

1

**Vous avez décidé avec votre ami(e) de passer les vacances d'été ensemble.
Plusieurs possibilités s'offrent à vous.**

Lieux de vacances	Inconvénients
– voyage à l'étranger – le bord de la mer – la montagne – la campagne	– compliqué et cher – trop de monde – risques de froid et de pluie – que faire à la campagne ?
rester chez soi, en ville	

2

Mme Bellanger a abandonné ses études au moment où elle s'est mariée. Elle veut trouver un travail et est confrontée à plusieurs choix possibles.

Recherche d'un emploi	Inconvénients
– se présenter dans les entreprises – suivre des stages – suivre des cours à l'Université	– formation initiale incomplète, absence d'expérience professionnelle – débouchés incertains – trop éloignée du domicile
reprendre une formation universitaire par correspondance	

3

Vous aimez le cinéma et n'êtes pas satisfait des films proposés à la télévision. Vous habitez dans une grande ville, que pouvez-vous faire ?

Choix	Inconvénients
– aller au cinéma	– cher et peu commode
– s'abonner à un club vidéo	– choix de films limité
– acheter des films enregistrés	– coûteux à la longue
s'abonner au câble (à une chaîne de cinéma)	

3. RAISONNER, PROUVER

Raisonner, c'est parvenir à une conclusion à partir d'un point de départ connu ou admis par tous, par le moyen d'une opération de type logique telle que la déduction. Le raisonnement ne vise donc pas à convaincre, mais à mettre en évidence le caractère incontestable d'une conclusion.

Une opération de raisonnement peut ainsi être sollicitée dans le cadre d'une argumentation.

Observons :

La promotion sociale en temps de crise

Quand les gens en sont à chercher ou à préserver un emploi, la recherche d'une promotion dans (ou par) son travail est beaucoup moins évidente à conduire. Pourquoi ?

1. Le raisonnement peut être le suivant :

1. Première proposition *(ce qui est admis au départ)*	La promotion sociale est possible en période de croissance économique.
2. Seconde proposition	Nous sommes en période de crise.
3. Conclusion *(ce qui est admis à la fin)*	Il n'y a plus de possibilité véritable / sérieuse de promotion sociale.

1. et 2. sont souvent appelés les prémisses ou antécédents ; 3. est la conclusion ou le conséquent.

Ce qui peut s'écrire ainsi :

1. Première proposition *(ce qui est admis au départ)*	**On sait que / Il est généralement admis que** la possibilité pour chacun de gravir un ou plusieurs échelons dans sa vie professionnelle est surtout offerte en période de croissance économique.
2. Seconde proposition	**Or / Sachant que / Étant donné que** nous sommes en période de crise,
3. Conclusion *(ce qui est admis à la fin)*	**on peut en conclure / déduire qu'**il n'y a plus à l'heure actuelle de possibilité véritable / sérieuse de promotion sociale.

2. Un certain nombre de données peuvent cependant permettre d'aboutir à une conclusion différente :

- En 1970, 55 % des personnes interrogées ayant suivi une formation ont bénéficié d'une promotion.

- En 1985, 25 % de ces personnes seulement ont bénéficié d'une promotion.

- En 1985, les salariés formés ont bénéficié d'une promotion deux fois plus fréquente que les salariés non formés.

Ce qui peut s'écrire ainsi :

1. Première proposition *(ce qui est admis au départ)*	**On sait que / qu'**il n'y a guère de possibilité véritable / sérieuse de promotion sociale en période de crise.
2. Seconde proposition	**Or / Sachant que / Étant donné que**, d'après les données d'une enquête conduite en 1985, les salariés qui ont reçu une formation sont deux fois plus nombreux à avoir bénéficié d'une promotion que ceux qui n'ont pas été formés,
3. Conclusion *(ce qui est admis à la fin)*	**On peut en conclure / déduire que**, si les possibilités de promotion ont diminué, la formation donne encore à certains la chance d'y parvenir.

Ce qui peut se formuler encore de la façon suivante :

1. Première proposition *(ce qui est admis au départ)*	**Il est généralement admis qu'**il n'y a guère de possibilité sérieuse de promotion sociale en période de crise.
2. Seconde proposition	**Toutefois**, une enquête conduite en 1985 a montré que les salariés qui ont reçu une formation ont bénéficié d'une promotion. Ils sont deux fois plus nombreux que ceux qui n'ont pas été formés.
3. Conclusion *(ce qui est admis à la fin)*	**Autrement dit / En d'autres termes**, les possibilités de promotion existent encore, même si elles ont dans l'ensemble diminué.

On peut encore renverser l'ordre des éléments du raisonnement :

(i) Conclusion	(i) Les possibilités de promotion sociale existent encore.
(ii) Proposition centrale	(ii) **C'est ce que vient de montrer** une enquête conduite en 1985. Les salariés qui ont reçu une formation sont deux fois plus nombreux à avoir bénéficié d'une promotion que ceux qui n'ont pas été formés.
(iii) Proposition de départ	(iii) Ce qui contredit le principe selon lequel, en période de crise, **les possibilités de promotion sociale sont quasi inexistantes.**

EXERCICES

1

1. Voici, dans le désordre, des éléments constituant un raisonnement. Remettez-les dans l'ordre et rédigez, sur une feuille séparée, le texte argumentaire correspondant.

1. Les mères de famille nombreuse, très souvent, ne travaillent pas.
2. Le travail des femmes est responsable de la diminution très forte des familles nombreuses.
3. Le taux d'activité des femmes a augmenté depuis 1965.
4. La moitié des jeunes de 16 à 25 ans est scolarisée.
5. Le chômage ne touche que la partie de ceux qui sont passés à la vie active.
6. On dit qu'un jeune sur cinq est au chômage en France.

2. Même exercice (plus difficile).

1. Les femmes lisent plus que les hommes.
2. Les femmes lisent surtout des romans sentimentaux.
3. Les femmes, par nature, préfèrent la fiction et les romans psychologiques.
4. Dans la vie sociale, tout ce qui relève de la vie personnelle, intérieure se trouve plutôt du côté de la féminité.
5. Les lectures des femmes sont moins en relation avec leur vie professionnelle.
6. Les femmes ne s'investissent pas dans le travail de la même manière que les hommes.

D'après *Lire*, avril 1995.

2

Remettez dans l'ordre les éléments du texte suivant.

1. 1er paragraphe

1. Or, les mères de familles nombreuses sont très souvent inactives.
2. C'est parmi les femmes de 25 à 39 ans, mères d'un ou deux enfants qu'il a le plus progressé.
3. En réalité, c'est plutôt l'inverse qui est vrai.
4. Par ailleurs, on note la diminution du nombre de familles de trois enfants et plus.
5. Depuis 1965, le taux d'activité des femmes en France a augmenté.
6. Ainsi, on pourrait penser que l'augmentation du taux d'activité des femmes est responsable de la raréfaction des familles nombreuses.

2. 2ᵉ paragraphe (pour ceux qui veulent poursuivre).

1. En revanche, une troisième naissance change un peu la situation.
2. Des études récentes montrent que l'arrivée d'une première ou deuxième naissance ne change que très peu le statut professionnel des femmes : 80 % des actives ayant un emploi le reprennent après la naissance, et 80 % des inactives restent inactives.
3. L'arrivée d'un troisième enfant ne conduit donc qu'une minorité de femmes à cesser de travailler.
4. Pour les Françaises, il semble qu'un emploi puisse parfaitement se combiner avec la charge d'un ou deux enfants.
5. Un tiers des femmes ayant un emploi le quitte à cette occasion.

Sciences Humaines, hors série n° 6, septembre-octobre 1994

3

Voici les faits.

La grotte de la Combes d'Arc, découverte récemment en France, a révélé des fresques d'origine préhistorique absolument remarquables. Sur plusieurs centaines de mètres, sont reproduits toutes sortes d'animaux (ours, bisons, rhinocéros, etc.).

Certains cependant sont sceptiques et se demandent si on n'est pas là devant l'œuvre de faussaires, ce qui s'est déjà produit à plusieurs reprises. Toutefois, un expert en art préhistorique a confirmé l'authenticité de ces peintures. Les preuves qu'il a avancées sont les suivantes :

– la variété du bestiaire représenté aurait exigé, de la part d'un éventuel faussaire, de sérieuses connaissances scientifiques ;
– les traits des dessins. Seul le temps provoque une pénétration diffuse des pigments dans la roche ;
– l'absence d'empreintes. Or, c'est souvent ce détail qui trahit les faussaires ;
– la hauteur des fresques. Elles sont à près de 6 m du sol, et on n'a pas trouvé d'échafaudages. En revanche, on a décelé l'existence, jadis, d'un sol plus élevé qui s'est effondré voici plusieurs millénaires ;
– la qualité des fresques. Si c'était l'œuvre d'un faussaire, ce serait un expert de la préhistoire, et en plus un grand artiste.

D'après *Ça m'intéresse*, n° 170, avril 1995

1. Sur chacun des points évoqués par l'expert, restituez les formes de raisonnement correspondantes.

2. Rédigez sur une feuille séparée le texte argumentaire correspondant dans sa continuité.

LES MOTS POUR EXPRIMER
LES ÉTAPES D'UN RAISONNEMENT

La déduction		La restriction	La conclusion
– on peut constater	– sachant que	– à moins que	– ce qui signifie que
– on peut remarquer / observer	– étant donné que	– sauf si	– ce qui montre que
	– comme		– ce qui établit que
– or	– donc		– ce qui prouve que
– d'après	– d'où		– on en conclut
– selon	– ainsi		
– suivant	– par conséquent		
– on sait que	– on en déduit que		
	– on en conclut que		

MARQUER LES ÉTAPES DE L'ARGUMENTATION

L'argumentation doit être organisée pour en faciliter la lecture.

Il convient de savoir : **introduire, poser le problème** *(p. 35)* ; **énumérer** *(p. 38)* ; **préciser les faits** *(p. 42)* ; **donner un exemple** *(p. 44)* ; **récapituler pour conclure** *(p. 46)*.

1. INTRODUIRE, POSER LE PROBLÈME

Introduire, c'est informer votre lecteur de l'objet de votre débat ; justifier la raison (un événement, une déclaration, un lieu commun) qui vous amène, à ce moment-là, à aborder ce problème.

Commencer est toujours le moment le plus difficile. En effet, il ne faut pas donner au lecteur le sentiment de l'arbitraire ou de l'artificiel dans la façon de poser un problème ou de prendre position par rapport à un problème déjà posé.

1. Vous allez aborder tel problème à la suite d'un événement.

> Un avion s'est écrasé au début de la semaine sur des pavillons de banlieue juste après son décollage de l'aéroport de Roissy.

L'événement Le problème	**Il y a quelques jours,** un avion s'est écrasé sur des pavillons de banlieue juste après son décollage de l'aéroport de Roissy. Ce dramatique accident **pose** encore une fois **le problème** de la sécurité près des aéroports.
Le problème L'événement Le problème	**Il ne se passe pas de semaine sans qu'on ne signale** un incident souvent grave au moment du décollage ou de l'atterrissage d'un avion. **Tel est le cas de cet** accident survenu au début de la semaine à Roissy qui a vu un avion s'écraser sur des pavillons de banlieue. **Quand va-t-on se décider à** prendre des mesures plus rigoureuses en matière de sécurité ?
L'événement Le problème	**À la suite de** l'accident survenu au début de la semaine à Roissy et qui a vu un avion s'écraser sur des pavillons de banlieue, **la question de** la sécurité près des aéroports est à nouveau posée.
L'événement Le problème	Le nombre d'incidents aériens survenus près des aéroports **ne cesse de** croître. C'est ce qui est encore arrivé au début de la semaine à Roissy, avec un avion qui s'est écrasé sur des pavillons de banlieue. **Quand se décidera-t-on** à prendre des mesures plus rigoureuses en matière de sécurité ?
Le problème L'événement	**Il est fortement question, dans un proche avenir,** de revoir le problème de la sécurité près des aéroports. L'accident, survenu au début de la semaine à Roissy et qui a vu un avion s'écraser sur des pavillons de banlieue, montre qu'il est nécessaire de faire quelque chose.

EXERCICE

Un événement	Un problème
1. On raccourcit la durée du service militaire. 2. Deux skieurs sont morts lors du dernier championnat de ski. 3. Une seule femme a été nommée ministre dans le nouveau gouvernement.	1. Les jeunes et le service militaire. 2. La sécurité dans les compétitions sportives. 3. La place des femmes dans la vie politique.

Vous êtes journaliste. Comment allez-vous aborder ces différents problèmes ? Rédigez les premières phrases de chacun des trois articles.

2. Vous allez aborder tel problème à la suite d'une déclaration lue ou entendue.

La création de nouveaux emplois passe par le partage du travail et donc par une diminution du temps de travail. Faut-il diminuer la durée du temps de travail ?

Déclaration Problème	**On parle beaucoup de créer** de nouveaux emplois par un partage du travail. **La question est donc** de savoir s'il faut pour cela recourir à une diminution du temps de travail.
Déclaration Problème	**Certains affirment que** la création de nouveaux emplois passe par un partage du travail. **Ils posent ainsi le problème** de la diminution du temps de travail.
Problème Déclaration	**Faut-il** diminuer le temps de travail ? **Telle est la question posée par** ceux qui estiment que la création de nouveaux emplois passe par le partage du travail.
Déclaration Problème	**Dans une étude consacrée au problème** du chômage, l'auteur **affirme que** la création de nouveaux emplois passe par le partage du travail. **Faut-il** dans ces conditions recourir à une diminution du temps de travail ?

EXERCICE

Pour chacune des déclarations rapportées ci-dessous, énoncez le problème et rédigez l'introduction de l'article correspondant.

1. Le dernier roman couronné par le Prix Goncourt est dépourvu de tout intérêt.
2. Privatiser Air France est une erreur grave.
3. Les grands quotidiens nationaux français comme *Le Figaro*, *Le Monde* ou *Libération* ont du mal à maintenir leurs ventes.

3. Vous allez aborder tel problème à la suite de ce que dit tout le monde, d'une opinion commune.

> On entend souvent dire que les lycéens d'aujourd'hui ne savent plus écrire, qu'ils ne connaissent plus la littérature... Le niveau a-t-il vraiment baissé ?

Ce qu'on dit Problème	Les lycéens d'aujourd'hui ne savent plus écrire. Ils ne connaissent plus la littérature. **Telles sont quelques-unes des réflexions souvent entendues au sujet des** élèves d'aujourd'hui. **Est-ce exact ?**
Ce qu'on dit Problème	Les lycéens d'aujourd'hui ne savent plus écrire. Ils ne connaissent plus la littérature. **On entend ce genre de remarques tous les jours. Est-ce bien vrai ?**
Problème Ce qu'on dit	**Est-il vrai que** les lycéens d'aujourd'hui ne savent plus écrire ni ne connaissent la littérature **ainsi que le prétendent de nombreuses personnes ?**

EXERCICES

On dit que :
— les gens sont plus heureux à la campagne qu'à la ville ;
— la télévision est dangereuse pour les enfants ;
— fumer des cigarettes légères n'est pas si dangereux que cela...

Comment allez-vous à chaque fois introduire le problème ?

....

....

Pour aider votre lecteur à mieux suivre la façon dont vous raisonnez, il sera souvent nécessaire de **souligner** la manière dont vous organisez vos idées. Ainsi, on pourra mieux vous comprendre. Vous pourrez vous servir de ces différentes expressions...

> Y a-t-il plus de morts sur les routes en France que dans les autres pays d'Europe ?

Pour commencer...	– **Commençons / On commencera d'abord par** examiner le chiffre des accidents de la route de l'année dernière. – **La première remarque portera sur** le chiffre des accidents... – **Il faut d'abord rappeler** le chiffre des accidents... – **La première remarque importante que l'on peut faire est que** le chiffre des accidents ... **est**...

Pour insister, mettre en valeur	– **Il ne faut pas oublier que** la circulation automobile a considérablement augmenté ces dernières années. – **Il faut souligner que** la circulation automobile... – **On notera que** la circulation automobile... – **Il faut insister sur le fait que** la circulation automobile... – **Rappelons que** la circulation automobile...

Pour annoncer une nouvelle étape, marquer une transition	– **Passons à présent à la question du** respect de la limitation de vitesse. – **Venons-en à présent à la question du** respect... – **Pour l'instant, nous laisserons de côté la question du** respect... **pour parler de**... – **Nous reviendrons plus loin sur la question du** respect... – **Avant de passer à la question du** respect... **il faut remarquer que**... – **Après avoir traité de la question du** respect...

Pour marquer une suite dans l'exposé des idées...	– **Par conséquent**, il ne semble pas que le nombre d'accidents se soit accru dans des proportions importantes. – **C'est pourquoi** il ne semble pas que le nombre d'accidents... – **Ainsi,** il ne semble pas que le nombre d'accidents...

2. ÉNUMÉRER

Énumérer, c'est reprendre un par un une suite d'arguments ou d'éléments d'information, de façon à en rendre la lecture plus commode, plus agréable. Il faut éviter au lecteur l'effet de liste qui peut lasser l'attention. Énumérer, c'est donc mettre en forme, hiérarchiser un ensemble de données de façon à donner au lecteur le sentiment d'avancer dans sa lecture selon une progression véritable.

Observons :

Les voitures électriques

Les constructeurs automobiles travaillent depuis un certain nombre d'années sur la voiture électrique. Beaucoup de municipalités souhaiteraient que ces véhicules soient aussi utilisés dans les villes pour diminuer le bruit et la pollution.

Mais beaucoup d'utilisateurs potentiels sont sceptiques sur les conditions d'usage véritables de ce type de voiture. Les constructeurs automobiles décident de publier une plaquette pour énumérer les avantages que représente l'utilisation du véhicule électrique:

– les véhicules sont silencieux ;
– la conduite des voitures électriques n'est pas fatigante ;
– les moteurs ne sont pas polluants ;

– l'autonomie des nouveaux modèles de batterie est suffisante pour la ville ;
– la recharge des batteries peut se faire pendant la nuit ;
– la circulation des véhicules à moteur à essence va être interdite dans certains centres-villes ;
– l'État envisage d'accorder / de prolonger pendant un an le versement d'une prime de 5 000 francs à tout acheteur d'un véhicule électrique.

1.	**On sait déjà, par exemple, que** l'État va verser une prime de cinq mille francs à tout acheteur d'une voiture électrique. **Plus important encore,** l'autonomie des nouveaux modèles de batterie est désormais suffisante pour la ville. **Il faut compter aussi avec** le confort de conduite qui est beaucoup plus grand et le fait que le véhicule n'est pas bruyant. **L'hypothèse enfin d'**une interdiction prochaine de la circulation des voitures à moteur à essence dans les centres-villes **n'est pas à exclure.**
2.	Les avantages présentés par l'utilisation d'une voiture électrique sont nombreux. **Tout d'abord,** la conduite du véhicule est beaucoup plus confortable, le moteur n'est ni bruyant, ni polluant. **De plus,** l'autonomie des nouveaux modèles de batterie est suffisante pour circuler une journée entière. **En outre,** l'État prévoit de verser une prime de cinq mille francs à tout acheteur d'un véhicule électrique. **Enfin, l'hypothèse d'**une interdiction prochaine de la circulation des voitures à moteur à essence dans les centres-villes n'est pas à exclure.
3.	L'achat d'une voiture électrique va tout d'abord donner lieu au versement d'une prime de cinq mille francs de la part de l'État. **À ce premier avantage s'ajoute le fait que** ces voitures sont beaucoup plus confortables et que le moteur n'est ni bruyant, ni polluant. **Par ailleurs** l'autonomie des nouveaux modèles de batterie est suffisante pour circuler une journée entière. **Si l'on ajoute à cela le fait qu'**une interdiction prochaine de la circulation des voitures à moteur à essence dans les centres-villes est possible, on voit bien tout l'intérêt que l'on peut avoir à acheter une voiture à moteur électrique.
4.	**En premier lieu,** l'État s'engage à verser une prime de cinq mille francs à tout acheteur d'une voiture électrique. **Ensuite,** les conditions d'utilisation du véhicule sont particulièrement agréables : conduite peu fatigante, moteur silencieux et non polluant. **En troisième lieu,** on notera que les nouveaux modèles de batterie ont une autonomie suffisante pour circuler une journée entière. **En dernier lieu,** on ne doit pas exclure une interdiction prochaine de la circulation des voitures à moteur à essence dans les centres-villes.

EXERCICES

1

Complétez le texte suivant avec des termes indiquant la disposition des arguments. Aidez-vous du vocabulaire de la page ci-contre.

Mais la voiture électrique n'est pas la panacée.......... même avec une prime, elle reste plus chère qu'un véhicule à essence. La Clio électrique se vend 150 000 francs contre 60 000 francs pour une Clio « thermique », comme on le dit maintenant.........., elle n'est pas autonome. La voiture électrique se recharge tous les 100 kilomètres, dans un parking spécialement équipé de prises électriques, ou dans un garage privé, car le temps de recharge est de six à dix heures. ...., il n'y a pas de miracle : si la voiture électrique ne pollue pas en ville, la voiture électrique pollue là où se fabrique l'électricité qu'elle utilise. .... à la réduction de la pollution atmosphérique urbaine, elle ne sera sensible que lorsque 10 % du parc automobile seront constitués de véhicules de cette nature.

D'après *Le Nouvel Observateur*, n° 1592, mai 1995.

2

Téléphoner en ville depuis une cabine n'est pas toujours pratique. Elles sont toujours occupées quand on a besoin de téléphoner, ou en panne, ou inexistantes. Pourquoi ne pas utiliser un petit appareil téléphonique portatif qui permet simplement d'appeler ?

Cet appareil existe et le responsable de sa commercialisation énumère ses qualités :
– très peu cher à l'achat ;
– se met facilement dans la poche ;
– abonnement et communications très bon marché ;
– grande facilité d'utilisation à l'intérieur de la ville.

À l'aide des éléments ci-dessus, rédigez un petit texte de présentation.

3

Un grand groupe international veut installer un gigantesque parc d'attractions dans une campagne très tranquille, mais toute proche d'un grand carrefour d'autoroutes et aussi d'un village.
Les responsables de cette opération veulent rassurer les responsables municipaux et les habitants, inquiets des bouleversements que peut faire naître cette entreprise.

Ils énumèrent les avantages de cette opération :
– versement de taxes importantes aux communes ;
– amélioration des infrastructures des communes ;
– création d'emplois ;
– arrivée de nombreux ouvriers pour le chantier ;
– ouverture de restaurants et d'hôtels autour du parc

Rédigez une lettre de présentation du projet :
– en présentant les changements positifs que va apporter l'opération (voir p. 14) ;
– en énumérant les avantages liés à la construction du parc (voir p. 14).

4

Une association d'habitants des communes concernées ne partage pas cet optimisme. Elle prétend au contraire :
– que cette opération va entraîner beaucoup de frais pour les communes, donc une augmentation des impôts ;
– que la vie quotidienne des habitants va être bouleversée par le chantier, l'augmentation de la circulation ;
– que la plupart des emplois offerts ne concerneront pas les habitants des différents villages.

Rédigez une lettre aux différents maires pour marquer l'opposition des membres de l'association :
– en présentant les changements négatifs que va apporter l'opération (voir p. 14) ;
– en énumérant les inconvénients liés à la construction du parc (voir p. 14).

LES MOTS POUR ÉNUMÉRER

Énumérer des arguments, des avantages, des inconvénients, des solutions, des erreurs, c'est présenter une liste. Mais il est préférable de mettre un ordre dans cette liste, de classer les arguments et d'indiquer cet ordre à l'aide de certaines expressions appropriées. Ainsi, votre présentation sera plus claire ; il y aura une progression, ce qui rendra votre propos plus efficace.

En position initiale

- tout d'abord
- d'abord
- en premier lieu
- pour commencer
- premièrement
- déjà

En position intermédiaire

- ensuite
- de plus
- en outre
- qui plus est
- de surcroît
- à / s'ajoute
- encore
- en (nième) lieu
- par ailleurs
- d'autre part
- puis
- s'agissant de
- en ce qui concerne
- pour ce qui est de
- aussi

Pour situer sur un même plan d'importance

- également
- de même
- de la même manière
- ou bien
- ou encore

En position finale

- en dernier lieu
- enfin
- pour terminer/achever
- quant à

– Il est possible de combiner les éléments de ces trois colonnes soit pour introduire de la variété dans la façon d'énumérer, soit pour permettre d'allonger la liste que l'on veut présenter.

– Il est possible aussi de mettre en valeur dans une énumération un point particulier : **non seulement...,
mais aussi / mais encore...**

• **Non seulement** la voiture est plus agréable à conduire, **mais** elle permettra **aussi** de diminuer la pollution dans les centres-villes.

3. PRÉCISER LES FAITS

Présenter un problème conduit souvent à préciser certains points essentiels en les situant par rapport à des idées reçues ou communément admises.

Observons :

Mode de vie

Comme la France compte un peu plus de 21 millions de ménages, on pourrait croire que le modèle de la famille traditionnelle (un couple et deux enfants) est très répandu en France. Or, tel n'est pas le cas.

On peut donc écrire :

- La France compte un peu plus de 21 millions de ménages, mais le modèle de la famille traditionnelle (un couple et deux enfants), avec un tiers des ménages seulement, n'est pas aussi répandu qu'on le croit.

ou bien :

- **Si** la France compte un peu plus de 21 millions de ménages, **(cependant / néanmoins)** le modèle de la famille traditionnelle (un couple et deux enfants), avec un tiers des ménages seulement, n'est pas aussi répandu qu'on le croit.

Une autre façon de présenter les faits :

- **Alors que** la France compte un peu plus de 21 millions de ménages, **seul** le tiers des ménages correspond au modèle de la famille traditionnelle (un couple et deux enfants).

EXERCICES

I

Précisez les faits, en reformulant en une phrase chaque groupe de deux affirmations, en suivant les modèles ci-dessus.

1. Le nombre global de lecteurs augmente.
   Le nombre de gros lecteurs tend à diminuer.

2. Les Français vont chaque mois au théâtre et au cinéma.
   Les Français continuent à beaucoup sortir, dans les musées, au restaurant, chez des amis, dans des boîtes de nuit.

3. Les Français partent toujours plus nombreux en vacances.
   Les Français partent moins longtemps en vacances.

4. La consommation des Français continue à augmenter.
   La consommation des Français a changé de nature.

5. Le taux de scolarisation des 16-25 ans a fortement augmenté ces dix dernières années.
   Les inégalités liées aux origines sociales des élèves demeurent.

6. La scolarisation des jeunes augmente.
   Le chômage des jeunes augmente.

7. 93 % des passagers à l'avant des véhicules bouclent leur ceinture de sécurité sur l'autoroute.
   À l'arrière, très peu de passagers attachent leur ceinture.

2

Trouvez le premier terme de l'opposition et présentez le problème.

1. ....

.... le chômage n'est pas un phénomène exclusivement français.

2. ....

.... les ouvriers représentent encore 30 % de la population active.

3. ....

.... les Français sont plus nombreux aussi à s'installer à la campagne, près des grandes villes.

4. ....

.... les Français parlent plus volontiers de leur vie sexuelle.

5. ....

.... les campagnes françaises ne sont pas en voie de désertification.

6. ....

.... le chômage touche les cadres et les jeunes diplômés.

3

On écrit toujours pour autrui. On répond à une attente. On réagit à une question, à une prise de position et on organise son texte, on choisit son mode de formulation en fonction de cette question, de cette prise de position. Pour chaque question, choisissez la réponse qui vous paraît convenir.

Questions :

1. Quelle est la situation des retraités aujourd'hui ?
2. Pensez-vous que la situation des retraités aujourd'hui soit toujours aussi difficile ?

Réponses :

a. Si la majorité des retraités dans les années 70 étaient pauvres, leur situation aujourd'hui a considérablement changé. Leur pouvoir d'achat a doublé en vingt ans.

b. Dans les années 70, la majorité des retraités étaient pauvres. Mais aujourd'hui, la situation a considérablement changé. Le pouvoir d'achat des retraités a doublé en vingt ans.

En reprenant les éléments fournis dans l'exercice 2, rédigez, en précisant les faits, la réponse qui vous paraît le mieux convenir aux questions suivantes :

1. La vie sexuelle des Français a-t-elle fondamentalement changé ces dernières années ?
2. Quelle est la situation du chômage en France et dans les autres pays d'Europe ?
3. Quelle est la part de la population ouvrière en France ?
4. Le chômage touche-t-il seulement les personnes faiblement qualifiées ?
5. La classe ouvrière tend-elle à disparaître en France ?
6. Les campagnes continuent-elles à se dépeupler ?
7. Comment le chômage évolue-t-il en France et en Europe ?

4. DONNER UN EXEMPL

Lorsqu'on expose des idées, il est souvent indispensable de donner des exemples. Ils montrent ainsi que ce que l'on dit est vrai. De cette manière, on passe de réflexions générales à un cas particulier.

Observons :

Le temps partiel

Prenons, par exemple, le cas de l'autorisation de travailler à temps partiel dans les administrations. En effet, beaucoup de personnes souhaiteraient pouvoir mieux concilier vie familiale et vie professionnelle. Ce droit est désormais reconnu et n'est plus une exception.

Grâce à l'application du temps partiel, certains agents pourront s'occuper d'un proche atteint d'une grave maladie.

Illustrons cette remarque par des exemples :

1.	Grâce à l'application du temps partiel, les agents de l'administration peuvent désormais s'occuper d'un proche gravement malade. **Considérons par exemple le cas d'**Éliane Simon. Sa mère, opérée récemment, ne peut plus se déplacer. Éliane peut maintenant l'aider à recevoir les soins dont elle a besoin et être avec elle plus souvent.

2.	Grâce à l'application du temps partiel, les agents de l'administration peuvent désormais s'occuper d'un proche gravement malade. **Tel est le cas par exemple d'**Éliane Simon. Sa mère...
3.	Éliane Simon dont la mère a été opérée récemment et ne peut plus se déplacer peut ainsi l'aider à recevoir les soins dont elle a besoin et être avec elle plus souvent. **Son cas ne fait qu'illustrer celui** des personnes qui, grâce à l'application du travail à temps partiel, peuvent désormais s'occuper d'un proche gravement malade.
4.	**Si l'on prend le cas d'**Éliane Simon qui, trois fois par semaine, se rend chez sa mère pour l'aider à recevoir des soins à la suite de son opération, on s'aperçoit que, grâce à l'application du travail à temps partiel, certaines personnes peuvent s'occuper désormais d'un proche gravement malade.
5.	Grâce à l'application du travail à temps partiel, certaines personnes peuvent s'occuper désormais d'un proche gravement malade. **L'exemple le plus significatif nous est fourni par** Éliane Simon qui, trois fois par semaine, se rend chez sa mère pour l'aider à recevoir des soins suite à l'opération qu'elle a subie.
6.	Grâce à l'application du travail à temps partiel, certaines personnes peuvent s'occuper désormais d'un proche gravement malade. **L'exemple d'**Éliane Simon **confirme** cette amélioration. **Ainsi**, trois fois par semaine, elle peut se rendre chez sa mère pour l'aider à recevoir des soins suite à l'opération qu'elle a subie.

EXERCICES

I

Considérons maintenant le cas de Pierrette Laville. Secrétaire et attachée commerciale pendant dix ans dans plusieurs entreprises, elle s'est retrouvée au chômage et a décidé de créer son travail et d'ouvrir une petite entreprise de secrétariat-bureautique dont elle est à la fois le patron et l'unique employée. Elle a désormais un emploi, mais que de soucis aussi : il faut acheter le matériel, installer son bureau, payer de nombreuses charges, s'organiser et ne prendre de vacances que lorsque c'est possible.

À partir de ces données, complétez les énoncés suivants :

1. Créer son emploi est possible. C'est peut-être le meilleur moyen de lutter contre le chômage. Mais que de tracas aussi. **Considérons par exemple le cas** de Pierrette Laville, longtemps secrétaire de direction et qui a décidé de créer une petite entreprise de secrétariat-bureautique..

2. .... tel est le cas par exemple de ....

3. .... son cas ne fait qu'illustrer celui des ....

4. .... Si l'on prend le cas de ....

5. .... l'exemple le plus significatif ....

6. .... l'exemple de .... confirme ....

7. .... qu'il suffise de rappeler que ....

2

Voici deux cas de jeunes à la recherche d'un travail :

– Isabelle, 22 ans, est titulaire d'un DEA de communication. Elle n'a pu trouver, pour commencer, qu'un travail d'aide-caissière au BHV, puis réussir à devenir caissière avec un contrat à durée indéterminé. Elle cherche toujours un travail dans la communication, mais sans succès. Elle décide enfin d'aller voir le responsable du recrutement au BHV et se voit proposer un stage dans le service de communication du magasin. Peut-être va-t-elle être bientôt recrutée dans ce service.

– Jean, 29 ans. Il n'a pas réussi à terminer son DEUG d'anglais. Il a dû se débrouiller seul et trouver tout de suite du travail pour survivre. Pendant quatre ans, il fait toutes sortes de petits boulots, sans trop se poser de questions. Depuis deux ans, il cherche en vain un emploi stable, car il ne voudrait pas, à 50 ans, être encore manutentionnaire. Mais les entreprises ne répondent pas au CV (*curriculum vitae*) qu'il leur adresse.

Servez-vous de ces deux cas pour illustrer les remarques générales suivantes :
- **beaucoup de jeunes doivent se contenter de « petits boulots » s'ils veulent travailler ;**
- **beaucoup de jeunes acceptent un travail déqualifié, dans l'espoir d'accéder à un véritable emploi ;**
- **les emplois précaires, c'est bon pendant un certain temps, mais on ne peut pas organiser toute sa vie de cette manière.**

5. RÉCAPITULER POUR CONCLURE

Au terme d'un développement où des arguments divers et parfois opposés ont été présentés, il peut être utile, pour la clarté du propos, de récapituler, c'est-à-dire de répéter, en énumérant les points principaux, ce qui vient d'être énoncé pour donner le sens général de l'intervention. On évite ainsi que le lecteur ne se perde à suivre le déroulement d'une argumentation complexe.

Un certain nombre de termes ou d'expressions spécifiques servent à signaler au lecteur ce moment où l'on récapitule, ce moment où l'on procède à une réévaluation du sens général de l'intervention.

Quelle matière favoriser ?

1. On récapitule et on conclut en rejetant tous les arguments qui viennent d'être avancés.

a. On se situe alors dans une autre perspective.

Le thème	Latin ou mathématiques ? La querelle n'est pas nouvelle.
Argument 1	Les mathématiciens insistent sur le rôle formateur de la logique mathématique.
Argument 2	Les latinistes mettent en avant l'importance de l'apport culturel.
On récapitule en rejetant les arguments 1 et 2, pour se fonder sur un autre type d'argument.	**De toute façon, / De toute manière, / Quoi qu'il en soit,** l'essentiel est que les élèves puissent s'exercer au contact d'une discipline formatrice.

b. On se situe en dehors du débat sans prendre position.

Le thème	Pourquoi ne pas revenir au latin ?
Arguments	On peut, grâce au latin, s'exercer aux rigueurs du raisonnement logique, à la précision de l'écrit et, en même temps, s'ouvrir au monde de la sensibilité et de l'imaginaire.
On ne décide pas de la validité des arguments, on ne prend pas parti, on ne tire pas une conclusion de l'argument précédent.	**En tout cas,** ce sont les arguments qu'avancent les latinistes.

2. On récapitule en proposant une conclusion plus conforme aux faits ou à la réalité. On corrige l'analyse précédente considérée comme erronée ou incomplète.

Le thème	Apprendre le latin, mais pour quelle raison ?
Argument	L'argument le plus souvent avancé pour justifier son apprentissage est celui de la rigueur et de la diversité des structures latines. En apprenant le latin, l'élève réfléchit sur les structures de sa propre langue et ainsi la maîtrise mieux.
On corrige en proposant une autre explication, en avançant un autre argument	**De fait, / En fait, / En réalité,** c'est l'objectif culturel qui est certainement le plus important.

3. On récapitule en imposant une même orientation à des arguments de nature variée et on adopte, en les dépassant, les différents points de vue qui ont été évoqués. Ces arguments ne sont pas opposés, mais se situent dans des domaines différents.

a. On essaie de dépasser une opposition apparente au terme d'un travail de réflexion plus approfondi :

Le thème	Maths ou latin ? Le choix n'est pas aussi simple.
Arguments	Les mathématiques ont une valeur formatrice incontestable grâce à la logique ; et le latin, en imposant une réflexion sur les structures de la langue, présente les mêmes vertus.
On conclut	**Au fond***, ces deux disciplines poursuivent les mêmes objectifs. * Des expressions comme **tout bien réfléchi**, **tout bien considéré**, **tout compte fait**, **après tout** peuvent se substituer à **au fond**, en imposant une orientation commune à ces deux familles d'arguments.

b. On insiste sur le caractère concordant des arguments qui viennent d'être présentés :

Le thème	Maths ou latin ? Le choix n'est pas aussi simple.
Argument 1	Le latin, c'est d'abord une réflexion sur les structures de la langue.
Argument 2	Par l'exercice de la traduction, c'est aussi la confrontation de deux logiques d'organisation de la langue.
Argument 3	Par un usage constant de l'écrit, c'est la possibilité d'échapper aux approximations de l'oral.
On récapitule en faisant apparaître les éléments communs à ces trois arguments	**En somme, / Somme toute, / En fin de compte,** un apprentissage qui présente les mêmes caractéristiques de rigueur que celui des mathématiques.

4. On adopte un point de vue tout en ayant pris en compte les points de vue opposés :

Le thème	L'enseignement du latin se réduit souvent à une traduction et parfois à une mauvaise traduction.
Argument 1	Souvent mal conçu et mal enseigné, l'exercice de traduction se réduisait à des activités purement formelles où régnait la confusion et les erreurs de sens.
Argument 2, de sens opposé	Mais l'exercice de traduction bien construit, où grammaires et référents culturels sont mis en relation, où l'élève doit réfléchir sur les structures du latin comme sur celles de sa langue, devient une activité très formatrice.
On récapitule en concluant à partir de l'argument 2.	**Finalement,** la traduction c'est aussi l'apprentissage de la rigueur.

LES MOTS POUR RÉCAPITULER

1. On rejette les points de vue antérieurs :

- de toute façon
- de toute manière
- quoi qu'il en soit
- en tout cas

2. On corrige les points de vue antérieurs :

- de fait
- en fait
- en réalité

3. On adopte, en les dépassant, les différents points de vue qui ont été évoqués :

- au fond
- tout bien réfléchi
- tout bien considéré
- toute réflexion faite
- tout compte fait
- après tout
- somme toute
- en somme
- en fin de compte

4. On adopte un point de vue, tout en ayant pris en compte le point de vue opposé :

- finalement

EXERCICES

1

Le niveau des élèves baisse-t-il ? Voici une série de points de vue et les conclusions qu'on peut en tirer.
Utilisez l'expression appropriée pour les introduire.

1. La plupart des élèves réussissent aujourd'hui au test de lecture à l'entrée en sixième, mais 12 % d'entre eux, il est vrai, ne sont pas capables d'accéder à la compréhension de base d'un texte. Or, on ne peut aujourd'hui prendre place dans la vie sociale ou exercer un métier, sans cette capacité minimale. ...., c'est moins le niveau des élèves qui a baissé, que celui des exigences qui s'est élevé.

2. Le niveau moyen des élèves en France a augmenté. Le nombre des très bons élèves s'est accru et leurs performances se sont améliorées. .... , c'est l'écart entre une élite de plus en plus nombreuse et un noyau d'élèves très faible qui s'est creusé.

3. Les programmes en vingt ans ont complètement changé et le public d'élèves des lycées n'est plus le même, il s'est considérablement élargi. ...., comparer les niveaux dans de telles conditions n'a pas grand sens.

4. L'approche de la littérature a changé. Les programmes sont mieux construits, le souci de mettre en place des savoir-faire, des techniques de travail plus évident. On a beaucoup insisté aussi sur la formation des enseignants. Cela changera-t-il grand chose ? .... , ... les élèves d'aujourd'hui n'ont ni les bases culturelles nécessaires, ni des références linguistiques suffisamment solides pour aborder des études littéraires.

5. Les élèves ont de sérieuses lacunes dans le domaine littéraire comme en langue. Assurer à la fois l'acquisition de méthodes de travail et de contenu se révèle extrêmement difficile. .... , ... c'est ce que disent de nombreux professeurs.

6. Le nombre d'élèves qui fréquentent les lycées a considérablement augmenté. L'approche de la littérature et des exercices écrits n'est plus du tout la même. On tient compte des élèves, de leur niveau de départ.......... .... , la situation n'est pas aussi dramatique qu'on veut bien le dire.

7. Les écarts se creusent entre le niveau des meilleurs élèves et celui des plus faibles. Mais parler de baisse générale du niveau est exagéré... , ce discours traduit l'inquiétude des élites intellectuelles devant l'augmentation très rapide des effectifs dans les lycées et devant la remise en question des bases de la culture classique.

2

Recherchez les arguments et points de vue qui peuvent être à l'origine de ces différentes conclusions :

1. ....

   En fin de compte, c'est la notion même de niveau qui pose problème.

2. ....

   De toute façon, le niveau moyen ira en progressant.

3. ....

   En réalité, la baisse de niveau ne concerne qu'une partie du public des élèves.

4. ....

En somme, il est très difficile de dire si le niveau a baissé ou non.

5. ....

Finalement, le niveau en mathématiques n'est pas si mauvais que cela.

Associez la conclusion qui convient aux arguments qui la justifient :

Arguments	Conclusion
1. L'Université n'a pas confiance dans la mise en place d'un contrôle continu et les parents d'élèves restent toujours attachés au baccalauréat comme examen. 2. Tout le monde est d'accord pour reconnaître les difficultés d'organisation du baccalauréat sous sa forme actuelle. Mais en même temps, le supprimer pour le remplacer par un contrôle continu, ce n'est pas si simple. 3. Remplacer le baccalauréat par un contrôle continu est possible. D'autres préféreraient instaurer un examen d'entrée à l'Université. 4. Certains proposent de remplacer le baccalauréat par un contrôle continu. D'autres recommandent d'établir un examen à l'entrée de l'Université.	a. En fait, le maintien du baccalauréat sous sa forme actuelle s'impose, car personne pour l'instant n'est prêt à assumer de telles décisions. b. Tout compte fait, le maintien du baccalauréat sous sa forme actuelle s'impose. c. Finalement, le maintien du baccalauréat sous sa forme actuelle s'impose. d. De toute façon, la maintien du baccalauréat sous sa forme actuelle s'impose, car il représente plus qu'un simple examen.

Exercice de synthèse

Vous avez pris un certain nombre de notes sur la question du « Code de la nationalité » : Comment devient-on français, quand on est un jeune aujourd'hui ?

Voici ces notes :

Les faits	
	– Jusqu'en 1993, tout jeune né en France et dont les parents sont étrangers obtenait automatiquement la nationalité française. – La France appliquait ainsi le principe du droit du sol. – Avec la loi de 1993, les jeunes nés et vivant en France, mais ayant des parents étrangers, doivent accomplir une démarche volontaire auprès de l'administration, entre 16 et 21 ans, pour obtenir la nationalité française. – Les majeurs (+ de 18 ans) qui ont été condamnés à une peine de prison de plus de 6 mois se voient refuser la nationalité française.

Le point de vue des jeunes	— *Noémie :* Cette réforme du code de la nationalité ne me gêne pas dans la mesure où elle a le mérite de donner aux jeunes étrangers la liberté de choix. — *Auguste :* Quand à 18 ans on va demander à des jeunes beurs de faire une démarche pour devenir français, ils vont forcément se remettre en cause, se demander s'ils sont français, algériens ou tunisiens, etc. Ils n'auront plus de repères, ils vont être complètement perdus. — *Hamed :* On sait bien que dans les banlieues, beaucoup de jeunes font des bêtises et font un peu de prison. D'accord, ce ne sont pas de petits saints ; mais, se retrouver expulsé dans un pays où l'on n'a jamais vécu, loin de sa famille qui reste en France, c'est une punition vraiment trop dure. — *Kader :* J'ai quand même besoin d'avoir la nationalité française, d'abord pour limiter les problèmes pendant les contrôles d'identité, et surtout pour trouver du travail. Bref, pour pouvoir vivre ici, sans que cela soit trop compliqué. Alors, s'il faut faire des démarches, je les ferai.
Les questions de fond, le débat	— Faut-il obliger les jeunes nés en France à demander la nationalité française ? — Selon certains, il est normal qu'un jeune puisse exprimer clairement sa volonté. — Le jeune doit adhérer à certaines valeurs de la République : démocratie, laïcité. — Les jeunes étrangers s'intégreront d'autant mieux qu'ils sont conscients de leurs droits et de leurs devoirs. — D'autres estiment qu'obliger des jeunes à faire cette demande, alors qu'ils pensent être français, n'est pas le meilleur moyen de favoriser leur intégration.

D'après *Phosphore*, avril 199

Vous allez organiser ces notes de manière à obtenir un développement écrit cohérent et continu en signalant à votre lecteur les différentes étapes de votre développement.
(Voir l'ensemble du chapitre III Marquer les étapes de l'argumentation.)

....

....

....

....

....

....

....

....

....

....

Vous avez interviewé un sociologue, spécialiste des questions de la famille, sur la question de la responsabilité familiale dans l'insertion des jeunes. Même consigne de travail que pour l'exercice 4 :

Les faits	
	– On considère très souvent que les parents ne s'occupent pas suffisamment des jeunes.
	– Il y a des causes économiques aux difficultés d'insertion des jeunes.
	– Il y a aussi l'école qui a sa part de responsabilité.
	– On insiste beaucoup, cependant, sur le rôle des familles.
	– Les difficultés de vie familiale s'ajoutent aux difficultés de vie économique.
	– Seules les familles sont rendues responsables.
	– Il est dangereux de s'en prendre uniquement aux familles.
	– Les familles assument toutes sortes de responsabilités.
	– Les jeunes restent plus longtemps chez leurs parents.
	– Les familles sont très soucieuses du devenir de leurs enfants.
	– Condamner les familles c'est aller un peu vite.

D'après un entretien avec Agnès Pitrou, *Sciences Humaines H.S.,* n°13, mai 96.

Le mouvement argumentatif définit le sens général d'une argumentation, c'est-à-dire la façon dont **on se situe** *par rapport à un point de vue déjà énoncé. On distinguera deux grands types de mouvement :*

– **concéder,** *c'est, tout en marquant son désaccord vis-à-vis de ce qui a été énoncé, manifester son accord sur un point particulier de l'argumentation précédente (p. 54).*

– **réfuter,** *c'est marquer un désaccord complet vis-à-vis de ce qui a été énoncé (p. 59) ;*

1. CONCÉDER

Concéder, c'est effectuer un mouvement d'argumentation en deux temps.

Dans un premier temps, on présente un argument qui va dans le même sens que l'argument présenté préalablement : on concède, on admet sur un point particulier que l'argument précédent est recevable :

- Les élèves d'aujourd'hui ne savent plus écrire, ne lisent plus les grands écrivains et ne connaissent même plus l'histoire culturelle de leur pays.

avec comme conclusion implicite :

- Le niveau des élèves a sérieusement baissé.

Dans un second temps, on oppose des arguments qui vont dans le sens contraire et qui ont une valeur plus forte que l'argument précédent :

- La culture des élèves d'aujourd'hui n'est plus la même. Leurs connaissances dans d'autres domaines sont d'un niveau bien plus élevé qu'autrefois.

avec une conclusion opposée :

- Il n'y a pas de baisse de niveau, mais changement de culture.

Observons :

L'aide aux pays en voie de développement

Faut-il poursuivre l'aide aux pays les plus pauvres, quand on voit l'absence de résultats positifs, le détournement de l'aide par les gouvernements de certains pays, le refus de suivre les recommandations faites pour l'amélioration de la situation des populations ?

1. Vous êtes d'accord. Vous voulez qu'on poursuive cette aide, mais vous pensez que cette aide a été jusqu'à présent peu efficace, qu'elle doit être mieux contrôlée. Comment pouvez-vous l'exprimer ?

1er mouvement : vous reconnaissez les faits. 2e mouvement : vous donnez votre avis positif.

1er mouvement (faits) 2e mouvement (avis)	**Il est exact / certain / vrai** que l'aide aux pays en voie de développement n'a pas produit de résultats positifs évidents. L'aide est souvent détournée. Les gouvernements se désintéressent du sort des populations, **mais** interrompre cette aide au moment où ces pays en ont le plus besoin serait criminel. Il faut simplement mieux contrôler cette aide.
1er mouvement 2e mouvement	**S'il est exact / certain / vrai** que l'aide aux pays en voie de développement n'a pas produit de résultats positifs évidents, **il n'en reste pas moins vrai / évident qu'**interrompre cette aide au moment où ces pays en ont le plus besoin serait criminel. Il faut simplement mieux contrôler cette aide.
1er mouvement 2e mouvement	**Il est en effet possible** que l'aide aux pays en voie de développement n'ait pas produit de résultats positifs évidents. **Cependant**, interrompre cette aide au moment où ces pays en ont le plus besoin serait criminel. Il faut simplement mieux contrôler cette aide.
1er mouvement 2e mouvement	**Tout en reconnaissant le fait que** l'aide aux pays en voie de développement n'a pas produit de résultats positifs évidents, **il faut cependant remarquer / noter / observer qu'**interrompre cette aide au moment où ces pays en ont le plus besoin serait criminel. Il faut simplement mieux contrôler cette aide.
1er mouvement 2e mouvement	L'aide aux pays en voie de développement n'a **certes** pas produit de résultats positifs évidents. **Cependant**, interrompre cette aide au moment où ces pays en ont le plus besoin serait criminel. Il faut simplement mieux contrôler cette aide.
1er mouvement 2e mouvement	**Quel que soit** le peu d'efficacité de l'aide aux pays en voie de développement, il serait criminel d'interrompre cette aide au moment où ces pays en ont le plus besoin. Il faut simplement mieux contrôler cette aide.

2. Vous n'êtes pas d'accord. Vous voulez que l'on interrompe cette aide, mais vous reconnaissez que cette solution pose aussi de graves problèmes. Vous ne pouvez le nier. Vous voulez que l'on réfléchisse à d'autres formes d'aide. Reprenez les schémas précédents.

1er mouvement : vous reconnaissez les faits. 2e mouvement : vous donnez votre avis négatif.

1er mouvement (faits) 2e mouvement (avis)	**Il est exact que** l'interruption de l'aide aux pays en voie de développement va poser de graves problèmes, notamment à un moment où ces pays en ont le plus besoin, **mais** poursuivre cette aide serait inutile. Elle est trop souvent détournée. Peut-être doit-on réfléchir à d'autres formes d'aide, etc.

3. Vous pouvez adopter des dispositions différentes, en commençant par le 2ᵉ mouvement, ceci pour mieux marquer votre position.

1ᵉʳ mouvement : vous donnez votre avis. 2ᵉ mouvement : vous reconnaissez les faits.

1ᵉʳ mouvement (avis) 2ᵉ mouvement (faits)	Interrompre l'aide aux pays en voie de développement au moment où ils en ont le plus besoin serait criminel, **même si** on doit reconnaître / admettre que cette aide a été jusqu'à présent peu efficace.

ou bien :

1ᵉʳ mouvement (avis) 2ᵉ mouvement (faits)	Maintenir l'aide aux pays en voie de développement est inutile. Elle a été jusqu'à présent d'une très faible efficacité, **même si** on doit reconnaître / admettre que cela va poser de très graves problèmes.

EXERCICES

Voici un certain nombre d'énoncés s'organisant selon un mouvement concessif.
Soulignez d'une couleur l'élément concédé et d'une autre l'élément opposé.

1

Internet n'est pas une invention française. Pour autant, il ne faut pas y voir un danger pour notre patrimoine. Sa puissance, son ubiquité en font un outil sans précédent pour la diffusion de la culture française.

Libération, 7.04.95

2

Lire sur CD-ROM ou lire sur l'imprimé ? Les éditeurs diffusent de plus en plus d'ouvrages sur CD-ROM, notamment des dictionnaires ou des encyclopédies.
De ces deux supports, quel est celui qui est promis au plus grand avenir ?

	Avantages	Inconvénients
CD-ROM	– Permet une consultation rapide. – Autorise des recherches limitées sur le texte.	– Peu commode pour une lecture suivie. – Nécessite un matériel de lecture coûteux.
Livre imprimé	– Permet une lecture continue, réfléchie. – Ne nécessite pas de matériel particulier.	– Ne facilite pas le travail de recherche et de sélection sur le texte. – Encyclopédies et dictionnaires occupent des volumes considérables.

1. **Vous pensez que l'avenir est au CD-ROM, tout en concédant les inconvénients liés à son usage.**

2. **Vous pensez que l'imprimé reste malgré tout le support le plus commode, tout en concédant les inconvénients liés à son usage.**

Rédigez, sur feuille séparée, les deux réponses possibles.

3

L'Europe (notamment la France) et les États-Unis s'opposent régulièrement sur le problème des quotas en matière de production télévisuelle et cinématographique. Les Européens veulent protéger un secteur de production fragile, qui ne dispose pas de la puissance des grands studios américains, et les Américains ne comprennent pas pourquoi on veut limiter artificiellement l'accès de leurs films ou de leurs séries aux réseaux européens.

	Avantages	**Inconvénients**
Quotas	– Protège la production nationale. – Permet de donner aux industries culturelles le temps de se développer.	– Maintient artificiellement une production cinématographique ou télévisuelle de faible qualité. – Prive le public d'œuvres qu'il aime.
Libre marché	– La concurrence est le meilleur garant de la qualité pour le public. – Le public doit décider en dernier ressort de ce qui lui plaît ou de ce qui ne lui plaît pas.	– Les productions nationales seront vite éliminées par une concurrence trop forte. – C'est la fin de la diversité culturelle.

1. **Vous êtes favorable aux quotas, mais vous reconnaissez que cela peut poser problème.**

2. **Vous êtes hostile au principe des quotas, mais vous reconnaissez qu'un marché librement ouvert peut poser problème.**

Rédigez, sur feuille séparée, les deux réponses possibles.

4

Où faut-il commencer sa carrière quand on sort d'une grande école ? Dans une grande entreprise comme on le dit habituellement, ou au contraire dans une petite structure ? Comment se pose le problème ?

	Avantages	**Inconvénients**
Grande entreprise	– Le passage dans une grande entreprise compte dans la suite de la carrière. – La vie est plus facile pour ce qui est de la formation et de la gestion de la carrière.	– Les décisions importantes sont prises ailleurs. – L'information circule moins bien.
Petite structure	– On est plus proche du centre de décision. – On peut y acquérir des compétences reconnues.	– Les possibilités de carrière sont limitées. – La situation des petites entreprises est plus fragile.

1. Vous préférez travailler dans une grande entreprise, tout en étant conscient de certaines difficultés.

2. Vous avez choisi de travailler dans une petite structure, tout en sachant qu'il n'y a pas que des avantages à cela.

Rédigez, sur feuille séparée, les deux réponses possibles.

5

Comment apprendre un métier ? Aucune solution n'est évidente a priori. Le débat est toujours vif entre ceux qui valorisent l'apprentissage, c'est-à-dire la dé- couverte du métier dans l'entreprise auprès de ceux qui travaillent, et ceux qui pensent que la formation e établissement a toujours un rôle essentiel à jouer.

	Avantages	**Inconvénients**
Apprendre sur le tas	– Donne d'emblée une expérience du travail en entreprise. – Facilite l'adaptation à la vie dans l'entreprise. – La formation continue permet de combler les manques de la formation initiale.	– Ne garantit pas l'acquisition des savoirs de base. – Confond entreprise et école. – Ne prépare pas les gens à changer plus tard de métier.
Apprendre dans une école	– La formation intellectuelle est essentielle. – L'acquisition de connaissances générales est indispensable pour exercer des métiers variés ou évoluer dans un métier.	– La formation est trop abstraite. – Ne favorise pas l'adaptation à la vie de l'entreprise.

1. Vous êtes partisan de l'apprentissage comme mode d'accès au métier, sans méconnaître l'intérêt d'une formation plus générale et plus théorique.

2. Vous êtes partisan d'une formation donnée dans un établissement, sans méconnaître l'intérêt de l'apprentissage.

Rédigez, sur feuille séparée, les deux réponses possibles.

6

La publicité sur les alcools est désormais interdite dans les médias. Vous n'êtes pas très convaincu de l'effica- cité d'une telle mesure pour diminuer la consomma- tion d'alcool. Vous pensez qu'il est préférable d'entre prendre un travail d'information et de prévention au près des jeunes dans les écoles.

Rédigez le paragraphe correspondant.

LES MOTS POUR MARQUER UN MOUVEMENT DE CONCESSION

RÉCAPITULATION

Les expressions destinées à marquer un mouvement de concession sont très nombreuses. Ce procédé est en effet très utilisé lorsqu'on veut convaincre quelqu'un. Vous pouvez employer :

- Il se peut que ...
- Il n'est pas du tout impossible que ...
- L'intérêt de ... est incontestable / indiscutable
- Reste à savoir si ...

- Sans doute ... mais ...
- Il ne fait pas de doute que ... mais ...
- Bien entendu ... mais ...
- On peut parfaitement admettre ... mais ...

À ces expressions on peut ajouter l'ensemble des formes ou expressions qui s'organisent de la façon suivante :

La reconnaissance des faits	L'opposition
- reconnaître, admettre, avouer, accorder, concéder	- mais
- il est exact / vrai / sûr / certain / admis...	- en fait
- assurément	- enfin
- certainement	- toutefois
- évidemment	- cependant
- incontestablement	- néanmoins
- indubitablement	- quand même
- indéniablement	- pourtant
- de toute évidence	- reste que
- effectivement / en effet	- tout de même
- certes	- pour autant
- en dépit de	
- bien que	
- même si	
- quand bien même	
- à supposer que	
- en admettant que	

Il y a deux manières de donner son avis :
neutre : reconnaître les faits puis donner son avis ;
personnelle : commencer par donner son avis puis reconnaître les faits.

2. RÉFUTER

Réfuter consiste à nier la pertinence du point de vue avancé par l'adversaire. Trois modes majeurs de réfutation peuvent être envisagés :

1. réfuter en niant la relation de cause à effet ;

2. réfuter en niant la vérité d'un jugement porté sur un fait, un objet, un événement, une personne ;

3. réfuter en mettant en évidence les contradictions présentes dans l'analyse de l'adversaire.

1. Réfuter en niant la relation de cause à effet

Observons :

Les gouvernements, dans un très grand nombre de pays, sont préoccupés par le niveau du chômage. C'est pourquoi, ils mettent en application un certain nombre de mesures d'aide à l'emploi, par exemple la diminution des charges des entreprises (cotisations sociales et taxes diverses). Aussi, quand le chômage vient à diminuer, est-il normal que le gouvernement se félicite de cette situation.

L'analyse est la suivante :

X
la politique d'aide
à l'emploi
du gouvernement

entraîne
est à l'origine de

Y
la diminution
du chômage

1. L'opposition à la politique gouvernementale peut réfuter une telle analyse en écrivant :

Rappel de la position de l'adversaire	– Le gouvernement voudrait nous faire croire que la diminution du chômage que l'on observe depuis trois mois est due aux mesures qu'il a prises dans ce domaine. – Le gouvernement voudrait nous faire croire que les mesures qu'il a prises en matière d'allégement des charges des entreprises sont à l'origine de la diminution du chômage.
1ère réfutation La politique n'y est pour rien (comparaison avec les autres pays)	**Or**, on observe une même diminution dans des pays voisins qui n'ont pas engagé de politique particulière.
Conclusion	**En réalité**, c'est la reprise économique qui est seule responsable de cette amélioration de la situation.

Ou encore :

2e réfutation quelle que soit la politique suivie, le chômage aurait diminué grâce à la reprise	– Ce qui est faux. **Même si** le gouvernement n'avait pas pris ces mesures, le chômage aurait **de toute façon** diminué, **grâce à** la reprise économique, comme cela s'est passé dans d'autres pays. – Ce qui est faux. **Quand bien même** le gouvernement n'aurait pas pris ces mesures, le chômage aurait **de toute façon** diminué...

Autrement dit l'opération de réfutation se fonde sur la relation :

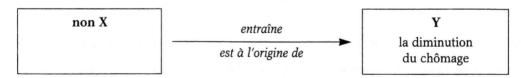

non X

entraîne
est à l'origine de

Y
la diminution
du chômage

2. Vous pouvez encore, sur le même type de relation, adopter la formulation suivante :

Rappel de la position de l'adversaire	– Le gouvernement voudrait nous faire croire que la diminution du chômage que l'on observe depuis trois mois est due aux mesures qu'il a prises dans ce domaine. – Le gouvernement voudrait nous faire croire que les mesures qu'il a prises en matière d'allégement des charges des entreprises sont à l'origine de la diminution du chômage.
2. Réfutation Il n'y aurait pas eu diminution du chômage s'il n'y avait pas eu reprise	**En réalité / En fait**, il n'y aurait eu aucune diminution si la reprise économique n'était intervenue.
3. Conclusion	**L'explication selon laquelle** la politique du gouvernement serait à l'origine de la diminution du chômage ne saurait être retenue.

3. L'opposition peut encore réfuter le point de vue du gouvernement de la façon suivante :

Rappel de la position de l'adversaire	– Le gouvernement voudrait nous faire croire que la diminution du chômage que l'on observe depuis trois mois est due aux mesures qu'il a prises dans ce domaine. – Le gouvernement voudrait nous faire croire que les mesures qu'il a prises en matière d'allégement des charges des entreprises sont à l'origine de la diminution du chômage.
Réfutation Les mêmes mesures prises ailleurs n'ont entraîné aucune diminution du chômage	**Or,** ces mêmes mesures prises dans d'autres pays n'ont produit aucun effet / ne se sont pas traduites par une diminution du chômage.
Conclusion	On ne peut donc pas considérer les mesures prises par le gouvernement comme étant à l'origine de la diminution du chômage. **En réalité / en fait**, c'est la reprise de l'activité économique qui est responsable de la diminution du chômage.

L'opération de réfutation se fonde ici sur la relation :

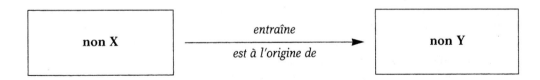

EXERCICES

1

Établissez la nature de l'explication ou de la réfutation figurant dans les exemples suivants.

1. L'existence d'une cellule familiale stable et unie est la condition pour qu'existe une jeunesse heureuse e
responsable.

	entraîne	
	est à l'origine de	

2. La fréquence des divorces et le travail des femmes sont responsables du mal de vivre des jeunes et du désordr
dans les banlieues.

	entraîne	
	est à l'origine de	

3. La stabilité de la famille d'autrefois est un mythe. Les parents mouraient jeunes. Les enfants étaient ballotté
de famille en famille ou étaient confiés tout petits à l'hospice ou à une nourrice. Et pourtant il existait un
autorité, des valeurs morales.

	entraîne	
	est à l'origine de	

2

Utilisez les éléments de l'exercice précédent pour construire un texte continu et argumenté dans lequel vous réfuterez l'idée suivante : les désarrois de la jeunesse contemporaine sont dus à l'instabilité de la cellule familiale.

3

Retrouvez, en analysant le texte ci-dessous, la démarche de réfutation adoptée par l'auteur.

Le poids des incivilités

Depuis plus d'une trentaine d'années, notre société voit sa sécurité se détériorer […]. Il est généralement sous-entendu que la crise économique est responsable de cette vague de violence. On aimerait pouvoir le croire et confier par là même, à l'économique, la responsabilité ultime du désordre délinquant. Ce serait une ma-nière de disculper chacun de toute charge, puisque l crise est perçue comme une fatalité […].

Mais les faits sont têtus […] : l'essentiel de la poussé de la délinquance a eu lieu entre 1960 et 1973, c'es à-dire avant le premier choc pétrolier. Et le temps qu la crise produise ses pleins effets, disons au momen du deuxième choc pétrolier, la quasi-totalité de la montée de la délinquance était achevée. Depuis, l'augmentation est faible, et différents pays d'Europe ont même enregistré des diminutions. Cela laisse supposer, paradoxalement, que la sortie de la crise économique n'aura pas les effets escomptés en matière de délinquance.

Je crois qu'il faut se tourner vers la prolifération des incivilités pour comprendre ce qui nous arrive, c'est-à-dire, dans les sociétés complexes, un relâchement général des règles.

Sébastien Roché, *Le Monde,* 31.03.95.

4

Même consigne.

Scan

La volonté du syndicat national de l'Édition de faire payer les consultations électroniques des ouvrages stockés à la Bibliothèque nationale de France est affligeante. Sur un plan économique, aucune statistique ne démontre que la consultation électronique affecte en quelque façon que ce soit l'édition papier. Après tout, si l'éditeur de Stephen King l'a autorisé à mettre son dernier roman sur Internet, c'est qu'il n'estimait pas menacées ses ventes en librairies. Au contraire, l'accès gratuit crée le plus souvent un produit d'appel dont bénéficie le support papier. Point de vue que comprendra fort bien celui qui a essayé de lire 400 pages sur un écran : tant que le livre restera raisonnablement bon marché, personne ou presque ne restera scotché devant une interface aussi médiocre qu'un écran cathodique, pas plus qu'il ne se ruinera à l'imprimer. Outre-Atlantique, aucun éditeur papier n'a d'ailleurs critiqué la numérisation des livres. Au contraire, tous créent des départements spécifiques pour profiter de ces nouveaux médias. Seule la France, enferrée dans sa vision passéiste reste arc-boutée sur l'idée qu'un médium en tue un autre. Comme si la télévision, la radio et le livre ne cohabitaient pas.

Frédéric Fillous, *Libération,* 31.03.95, D.R.

2. Réfuter en niant la vérité d'un jugement porté sur un fait, un objet, un événement, une personne

Dans le monde des réseaux, la guerre fait rage. Le bon vieux Minitel français, technologiquement dépassé, est menacé par le très performant Internet. Le constat est sans appel. Le Minitel va être remplacé par Internet.

Vous pouvez réfuter ce point de vue en déclarant :

- Il est faux de dire ... (Le Minitel va disparaître : il est technologiquement dépassé.)

Vous pouvez rappeler les performances du Minitel :

- Sur certains points le Minitel est technologiquement performant...

ou bien les lacunes d'Internet :

- Sur certains points Internet pose problème...

Vous pouvez aussi combiner 1. et 2. :

- Si Internet ... le Minitel...   • Internet ... tandis que le Minitel...

EXERCICES

1

Voici un exemple de texte correspondant à ce mouvement de réfutation. Il est habituel de vanter les mérites d'Internet pour y opposer le vieux Minitel français. L'auteur réfute ce point de vue. Soulignez d'une couleur les passages qui correspondent à 1. dans le tableau ci-dessous (jugement initial) et d'une autre couleur ceux qui correspondent à 2. (jugement final).

Techniquement, Internet est loin d'approcher la délicieuse simplicité du Minitel. En outre, il est plus cher : il faut investir une bonne dizaine de milliers de francs, au moins, pour un PC ou un Mac, le modem et les logiciels nécessaires, plus le temps de connexion qui n'est pas donné – surtout en France. Qui plus est, l'installation n'est pas des plus faciles. Donnez un modem, un câble, les logiciels et les manuels à un être humain normal et constatez combien de temps, de coups de téléphone et de tasses de café seront nécessaires pour mettre en place une simple connexion Internet. J'en ai personnellement fait l'expérience il y a peu ; il m'a fallu une semaine d'efforts pour parvenir à faire fonctionner mon nouveau modem à la bonne vitesse. Par comparaison, la simplicité du Minitel restera longtemps sans concurrence.

J.-L. Gassée, *Libération*, 7.04.95, D.R

La logique de la réfutation consiste à passer de 1. à 2. sur chacun des points considérés.

	Internet	Minitel
1. Jugement initial	performant	dépassé
2. Réfutation	difficile d'accès, coûteux	facile d'utilisation

2

En vous inspirant de l'exercice précédent, réfutez les jugements suivants :

– La télévision est responsable de la crise du cinéma.
– La télévision a tué le goût de la lecture.
– À l'occasion d'élections politiques, on pratique de plus en plus de sondages. Selon certains, le sondage tue le vote
– La déforestation va accroître l'effet de serre.

3

Le moral des Français

Les Français n'ont pas le moral. Tout va mal chez eux, l'économie, la vie sociale, la famille. Ne peut-on pas rassurer les Français et réfuter un point de vue aussi sombre ?

a. Complétez dans chacune des cases du tableau de la page suivante ou, sur une feuille séparée, le jugement de réfutation que vous pouvez développer sur ces différents points.

b. Rédigez le texte correspondant à ce mouvement général de réfutation :
– **en introduisant le problème (voir p. 35) ;**
– **en justifiant les points de vue réfutés (voir p. 21) ;**
– **en marquant les différentes étapes du développement (voir p. 38).**
– **en concluant / récapitulant sur les différents points étudiés (voir p. 46) ;**

	1 Le lien social	2 Le gouvernement	3 Le chômage	4 La vie collective	5 La famille	6 Les élites
Jugement initial	Il s'affaiblit.	Il est impuissant. Il ne peut agir sur la vie économique.	Il se développe dans l'indifférence générale et notamment celle de tous ceux qui ont un emploi.	Les Français se replient sur eux-mêmes, sur leur vie privée.	La cellule familiale s'affaiblit, divorces, personnes seules.	Elles sont incapables de diriger la France et sont corrompues.
Réfutation	...	...	...	...	...	...

Pour fonder un jugement de réfutation, vous pouvez utiliser les arguments, faits et données suivants :

1. Les associations sont de plus en plus nombreuses ; huit millions de bénévoles se sont mobilisés en 1990 en faveur des plus démunis ; les démunis sont mieux secourus et moins nombreux que dans d'autres pays.
2. L'État est en train de changer, ainsi que ses relations avec les citoyens ; la plus grande partie des hommes politiques est animée du sens du bien public.
3. On peut concéder qu'il y a là, pour la France, un vrai problème qui se pose de façon plus grave que dans d'autres pays.
4. Les Français participent intensément à la vie municipale et régionale. Le lien local est très fort, l'engagement collectif prend d'autres formes que les formes ordinaires.
5. Les familles se recomposent, mais sont toujours là, avec un très grand souci de l'éducation des enfants.
6. On peut concéder que le recrutement des élites en France est mal fait, mais que des changements commencent à s'opérer.

D'après Henri Mendras, « Il est temps de fermer le bureau des pleurs », *Libération*, 13.04.95, D.R.

4

Le livre de poche

Le passage d'un livre de la collection ordinaire à une collection de poche inquiète certains éditeurs, certains libraires et même certains auteurs. Voici ce que dit un libraire connu pour son souci de diffuser une littérature originale, de qualité.

Vendre des livres trop bon marché, c'est ne rendre service ni au lecteur, ni à la littérature qui risque ainsi de disparaître purement et simplement. Commençons par l'auteur. Ses droits ? Ils vont quasiment disparaître. Quant à l'éditeur et au libraire, leurs bénéfices seront si faibles, qu'ils seront menacés du même sort. Avec des marges aussi limitées, ils ne pourront éditer et vendre que des classiques, ou de la littérature à succès. Ils ne pourront plus prendre le risque de diffuser une littérature inédite, plus exigeante, qui demande des années avant de trouver son public et être rentable. Il n'y aura plus, dans quelques années, de nouveaux auteurs.

Tentez de réfuter cette analyse en :

1. distinguant les différents points de vue du libraire ;
2. recherchant des arguments permettant de réfuter chacun des points évoqués ;
3. reprenant cette construction sous forme d'un texte rédigé.

LES MOTS POUR INTRODUIRE UN JUGEMENT DE RÉFUTATION

- loin de
- bien loin de
- contrairement à

- plutôt que de
- au lieu de
- au contraire

- simplement

3. Réfuter en mettant en évidence les contradiction présentes dans l'analyse de l'adversair

Un moyen très efficace pour réfuter le point de vue de quelqu'un est de souligner, quand c'est possible, l'existence d'une contradiction dans son propos, puisqu'il est admis qu'on ne saurait dire ou vouloir une chose et son contraire.

Une enquête conduite auprès de jeunes fait apparaître ceci :

Les jeunes éprouvent un très grand attrait pour les activités sportives et souhaitent se tourner vers les clubs ou associations spécialisés. Mais en même temps, ils souhaitent rester autonomes, libres d'organiser leurs activités sportives comme ils l'entendent.

Ce qui peut s'analyser ainsi :

Les jeunes

- sont favorables aux activités sportives et se tournent volontiers vers les clubs.

Ce qui implique   l'acceptation de règles, de contraintes.

- sont favorables à la préservation de leur autonomie, de leur liberté.

Ce qui implique   le refus de règles, de contraintes.

On peut donc considérer qu'il y a contradiction entre les conséquences de ces différentes attitudes : accepter les règles et refuser les contraintes, ce qui peut se formuler de la façon suivante :

• Il y a chez les jeunes quelque contradiction à s'intéresser aux activités sportives et aux clubs et associations qui s'en occupent, et à refuser en même temps d'accepter les règles et contraintes de fonctionnement de ces clubs.

EXERCICE

Voici, brièvement présentées, un certain nombre de déclarations ou de prises de position. Vous allez essayer de les réfuter en soulignant les contradictions qui peuvent s'y trouver.

1. Les gens payent trop d'impôts.
   Il faut augmenter les dépenses militaires.

2. La presse quotidienne se plaint de la baisse du nombre de ses lecteurs.
   Les journaux quotidiens sont de plus en plus chers.

3. Les syndicats réclament la diminution du temps de travail.
   Les syndicats réclament une augmentation immédiate des salaires.

4. La France souhaite que les pays étrangers accordent plus de place au français dans l'enseignement à côté de l'anglais.
   La France accorde de plus en plus de place à l'anglais dans l'enseignement.

5. Les gens se plaignent de l'encombrement des plages au mois d'août.
   Les gens préfèrent la plupart du temps prendre leurs vacances en août.

6. Les entreprises veulent des salariés de plus en plus mobilisés.
   Les entreprises veulent pouvoir licencier du personnel quand elles estiment cela nécessaire.

7. Les jeunes veulent pouvoir choisir librement leur orientation à l'université.
   Les jeunes se plaignent de ne pouvoir trouver du travail à la fin de leurs études.

8. Les gens ne cessent de se plaindre des embouteillages dans les villes.
   Les gens préfèrent prendre leur voiture pour circuler.

9. Beaucoup de gens sont favorables à l'ouverture des magasins le dimanche ou les jours fériés.
   La plupart des gens sont hostiles au travail le dimanche ou les jours fériés.

10. Tous les hommes politiques proclament leur attachement à l'Europe.
    À chaque fois que l'Europe impose une décision qui limite la souveraineté de la France, les hommes politiques s'y opposent.

LES MOTS POUR SIGNALER UNE CONTRADICTION

Il est contradictoire...
    peu logique...
    illogique...
    peu cohérent...
    peu rigoureux **de** demander...
                réclamer...
                proclamer...
                exiger...
                refuser..., etc.
              et tout en...
                  au même moment...
                  en même temps...
                  simultanément...
                  dans le même temps de vouloir...
                                        exiger...
                                        demander...
                                        refuser..., etc.

3. DE LA RÉFUTATION
À LA CONTRE-RÉFUTATION

Vous pouvez toujours essayer de sortir de la contradiction dans laquelle votre adversaire veut vous enfermer. Comment ?

Reprenons le problème de l'attitude des jeunes (p. 66).

Les jeunes

– sont favorables aux activités *Ce qui implique* l'acceptation de règles, *à condition que* les règles soient sportives et se tournent de contraintes, élaborées volontiers vers les clubs. à l'intérieur du groupe.

– sont favorables à la préservation *Ce qui implique* le refus de règles, *quand* ces règles sont imposées de leur autonomie, de contraintes, par des personnes de leur liberté. étrangères au groupe.

Les conséquences liées aux deux attitudes de départ (*favorable à / opposé à*) ne sont ainsi plus en opposition. Les jeunes ne sont pas hostiles au respect de règles, de contraintes à condition qu'ils puissent élaborer / fixer eux-mêmes ces règles. Ce qui peut se formuler ainsi :

Mise en évidence de la contradiction (voir plus haut) :

    • Il y a chez les jeunes quelque contradiction à s'intéresser aux activités sportives et aux clubs et associations qui s'en occupent, et à refuser en même temps d'accepter les règles et contraintes de fonctionnement de ces clubs.

Sortie de la contradiction :

    • Si se soumettre aux règles et contraintes signifie accepter la rigidité de certaines pratiques associatives – inscription et assiduité obligatoire, date et horaires d'entraînement fixes et réguliers, trop grand souci de la compétition –, alors effectivement, les jeunes refusent ce type de contraintes. Mais si les jeunes peuvent s'organiser en toute liberté, se fixer à eux-mêmes leurs propres règles, alors là, il n'y a plus de problème.

On sort de la contradiction en distinguant dans ce qui est critiqué ou reproché deux valeurs de sens possibles. On concède sur le premier point : « Les jeunes refusent les règles et contraintes des clubs sportifs », mais on nie la seconde valeur de sens : « Il n'y a pas de contradiction. Il suffit de laisser les jeunes s'organiser librement. »

EXERCICES

Reprenez les éléments de l'exercice de la page 68 et essayez à chaque fois de sortir de la contradiction.

LES MOTS POUR EXPRIMER SON DÉSACCORD

– contester	– objecter	– en revanche
– contredire	– récuser	– au contraire
– critiquer	– rejeter	– à l'opposé
– démentir	– réfuter	
– nier	– rétorquer	

PRENDRE POSITION

Convaincre, c'est apporter des arguments ou des raisons à l'appui d'une conclusion. On présente une analyse, on organise une argumentation de façon claire et efficace. Mais tout ceci n'exclut pas que celui qui écrit puisse se manifester dans son texte, prenne position à titre individuel de façon plus évidente.

On peut ainsi avoir à se manifester pour :
- **démentir** *(p. 70)* ;
- **corriger, faire une mise au point** *(p. 71)* ;
- **hésiter, douter, prendre ses distances** *(p. 73)* ;
- **rapporter un point de vue** *(p. 75)* ;
- **faire passer son opinion dans un discours** *(p. 77).*

1. DÉMENTI

Vous venez d'entendre ou de lire une déclaration fausse qui vous concerne. Vous la démentez en affirmant d'emblée, avec force et netteté, *que cette déclaration est fausse.*

Observons :

Chez les automobilistes français, c'est l'émotion. Aimant beaucoup rouler dans des voitures à moteur diesel (le gazole en France est beaucoup moins cher que l'essence), ils apprennent par un bruit qui court, que le gouvernement va mettre des taxes très élevées sur ce type de véhicule. Le porte-parole du gouvernement dément aussitôt la nouvelle, car les élections législatives approchent.

Introduire un démenti	- **Les bruits selon lesquels** les véhicules roulant avec un moteur diesel seraient très fortement taxés **sont dénués de tout fondement.** - **Il n'a jamais été question de** taxer fortement les véhicules à moteur diesel, comme les bruits qui courent ont pu le laisser croire. - **Il ne saurait être question, un seul instant, de** taxer fortement les véhicules à moteur diesel, ainsi que le font courir certains bruits. - **Les rumeurs selon lesquelles il serait question de** taxer fortement les véhicules à moteur diesel **sont sans fondement.** - **Contrairement aux bruits qui font état d'une éventuelle** taxation des véhicules à moteur diesel, **il faut préciser qu'**il n'a jamais été question d'engager une telle opération.

EXERCICES

En vous inspirant des formulations du tableau de la page 70, rédigez les trois communiqués de démentis.

1. Il paraît que l'usine d'appareils électro-ménagers qui se trouve à l'entrée de la ville va bientôt fermer. Les représentants des personnels s'inquiètent. La direction dément.

2. Les bruits courent qu'un test de dépistage du Sida, très utilisé, n'est pas fiable. Mais ce ne sont là que des rumeurs. Un représentant du ministère de la Santé dément ces bruits.

3. Le bruit court que le joueur vedette du club de football local va partir pour un autre club. La nouvelle est inexacte. Vous êtes le président de ce club local.

2. CORRIGER, FAIRE UNE MISE AU POINT

Les mouvements argumentatifs que nous venons d'étudier (concéder, réfuter) peuvent prendre des formes plus nettes, plus fortes, marquées par une présence plus évidente dans le texte de celui qui écrit, traduisant une prise de position plus personnelle.

Observons :

Protégeons notre environnement

Une importante société compte ouvrir une carrière pour exploiter des gisements situés près du village de Vézelay. Les habitants s'émeuvent, ils craignent les tirs de mine, la poussière, le va-et-vient des camions. Ils ont peur de voir abîmer les paysages environnants. Un certain nombre d'habitants de Vézelay se sont regroupés en une association de défense qui a écrit à la société responsable de l'exploitation de la future carrière, ainsi qu'à différents journaux.

Un des directeurs de la société répond aux habitants.

Première réponse :

1. Rappel	Mise en cause à propos de l'implantation d'une carrière près du village de Vézelay, notre société tient à apporter les précisions suivantes.
2. Reconnaissance des faits, puis démenti	Si l'exploitation de cette nouvelle carrière risque d'apporter quelques troubles à la population, notre société va cependant s'efforcer de les réduire au minimum.
3. Exemples qui serviront de preuves	En effet, il est prévu d'équiper les camions de telle sorte qu'ils ne répandent plus de poussière ; ils passeront à l'extérieur du village pour ne pas gêner les habitants et les parties exploitées seront reboisées par la ville.
4. Conclusion	On ne peut que s'étonner de voir ainsi notre société accusée de détruire l'environnement alors qu'elle s'efforce au contraire de le protéger.

71

Deuxième réponse :

1. Rappel	Dans un communiqué envoyé à la presse, les habitants de Vézelay s'émeuvent à l'idée qu'une carrière va être ouverte près de leur village.
2. On concède sur certains points	Il est exact que l'exploitation de cette nouvelle carrière risque d'apporter quelques troubles à la population de Vézelay.
3. On dément toute l'information	On a employé à ce sujet le terme de destruction du paysage. Or chacun sait que notre société s'est toujours efforcée de protéger la nature.
4. Exemples qui serviront de preuves	Depuis plusieurs années, nous avons mis en place un système de protection : les camions ne répandent plus de poussière, ils passent à l'extérieur du village et les parties exploitées sont toujours reboisées.
5. Conclusion	Sans que l'on puisse considérer ces résultats comme parfaits, il semble déjà que ce soit un progrès par rapport à ce qui se faisait autrefois.

Troisième réponse :

1. Rappel des faits, on concède sur certains points, puis on dément	Si la nouvelle de l'implantation d'une nouvelle carrière près de Vézelay est exacte, il n'est pas question cependant de la faire à côté du village même, mais de l'exploiter de l'autre côté des collines d'où elle sera invisible.
2. Conclusion	On ne peut donc parler de destruction du paysage comme certains l'ont fait.
3. Exemples qui serviront de preuves	Il n'en apparaît pas moins nécessaire, et notre société s'y emploiera, de faire en sorte que l'environnement ne souffre pas de l'exploitation de cette carrière : les camions ne répandront plus de poussière, ils passeront à l'extérieur du village pour ne pas déranger les habitants et les parties exploitées seront reboisées.

Récapitulation

Lorsqu'on fait une mise au point, on s'efforce de corriger l'opinion qu'une personne se fait de vous ou de quelque chose.

Dans ce but, on rapporte cette opinion en montrant qu'elle contient une part de vérité. Mais on fait suivre cet exposé d'un démenti montrant que ceux qui attaquent n'ont vu qu'une partie du problème.

La disposition des arguments peut varier selon que l'on se sent plus ou moins sûr de sa position, selon la force de l'adversaire.

– Dans la première réponse, on se contente d'un bref rappel des arguments de l'opposant immédiatement suivi d'un démenti illustré par un exposé des preuves. Le développement s'achève par une conclusion très nette, vous vous sentez en position de force.

– Dans la seconde réponse, on consacre plus de place à l'exposé des arguments de l'opposant pour se le rendre plus favorable et on achève par une conclusion plus nuancée.

– Dans la troisième réponse, l'opposant est plus difficile à convaincre, on achève le développement par l'exposé de ses arguments en montrant, preuves à l'appui, que l'on a tenu compte de son avis.

EXERCICE

Dans les deux cas suivants, quelle forme de mise au point allez-vous choisir ? Pourquoi ? Rédigez le texte correspondant.

1. On veut ouvrir un centre de stockage de déchets nucléaires dans un village de l'est de la France. La population est très réticente, pour ne pas dire inquiète, même si on promet de prendre toutes les précautions nécessaires et de créer des emplois. Vous êtes responsable du projet.

2. Une raffinerie de pétrole est installée depuis de très nombreuses années près d'un étang où les pêcheurs sont nombreux à travailler. Toutes les précautions ont été prises pour préserver l'étang de toute pollution et il n'y a jamais eu en vingt ans d'incident grave. La raffinerie doit encore s'étendre le long de l'étang. Un groupe d'écologistes proteste.

3. HÉSITER, DOUTER, PRENDRE SES DISTANCES

Il n'est pas toujours possible de prendre position de manière nette, d'effectuer un choix clair entre deux possibilités. On peut, dans ces conditions, hésiter et ne pas conclure dans l'immédiat.

Faut-il rendre l'enseignement des langues étrangères obligatoire à l'école maternelle ? Telle est la question posée par un certain nombre de spécialistes. À cet âge-là, disent-ils, les enfants apprennent très vite à parler une autre langue.

Mais tout le monde ne partage pas cet avis. Des personnes ont été consultées (parents d'élèves, psychologues, enseignants). Elles s'interrogent.

1. Rappeler le problème	**L'intérêt présenté par** le projet de rendre l'enseignement des langues vivantes obligatoire dans les écoles maternelles **est incontestable.**
2. Marquer son hésitation	**Reste à savoir** s'il est raisonnable d'introduire si tôt cet enseignement chez des enfants qui en sont encore à acquérir les bases de leur langue maternelle.
ou encore :	
1. Rappeler le problème	**Tout en reconnaissant l'intérêt présenté par** le projet de rendre l'enseignement des langues vivantes obligatoire dans les écoles maternelles, **nous estimons cependant** qu'il faut encore attendre. Il faut savoir en effet s'il est raisonnable d'introduire si tôt cet enseignement chez des enfants qui en sont encore à acquérir les bases de leur langue maternelle.

1. Exprimer ses doutes 2. Rappeler le problème	**Dans l'état actuel des** connaissances, **il est encore trop tôt pour savoir** s'il est raisonnable de rendre obligatoire l'enseignement des langues vivantes dans les écoles maternelles.
Conclusion argumentée	**Toutes ces réserves ne signifient pas que** ce projet est à repousser. **Mais** avant de rendre l'enseignement des langues vivantes obligatoire dans les écoles maternelles, **il faudrait savoir** s'il est raisonnable d'introduire si tôt cet enseignement chez des enfants qui en sont encore à acquérir les bases de leur langue maternelle.

EXERCICE

La circulation dans Paris devient de plus en plus difficile. Le Conseil municipal de Paris doit examiner un nouveau projet de construction d'un tunnel autoroutier sous Paris, pour faciliter la circulation. Le projet coût très cher. Les conseillers hésitent.

Que peuvent-ils écrire à ce sujet ?

LES MOTS POUR EXPRIMER SON HÉSITATION, SON INDÉCISION

– Il est encore trop tôt...
    prématuré...
– Il n'est pas encore temps...

– On ne dispose pas de suffisamment d'éléments d'appréciation...
    d'information...
    de données sûres...
    de résultats...

– Il faut savoir si...
  se demander si...
  se poser la question de...

4. RAPPORTER UN POINT DE VUE

On n'argumente jamais seul. On se situe toujours par rapport à un point de vue déjà énoncé. Il est donc nécessaire de pouvoir rapporter ce point de vue, tout en signalant au lecteur sa propre position. Est-on favorable ou hostile au point de vue de l'adversaire ?

Observons :

Trop de publicité

La publicité envahit les journaux, la télévision, la radio. Tout le monde n'est pas d'accord pour apprécier cette invasion.

Pour	Contre
- La publicité est agréable à regarder. - La publicité informe les acheteurs. - La publicité permet de vendre les journaux moins cher.	- La publicité envahit les journaux et la télévision. On est obligé de la supporter. - La publicité pousse les gens à acheter des produits inutiles. - La publicité coûte très cher. Elle augmente le prix des produits achetés par les consommateurs.

---

1. Vous êtes favorable à la présence de la publicité dans les journaux et à la télévision. Vous rapportez les points de vue de vos adversaires, puis vous les réfutez.

1. Rappel de la position adverse	Pour justifier leur point de vue, les adversaires de la publicité à la télévision et dans les journaux présentent trois sortes d'arguments.
2. Reprise du premier argument de l'adversaire que vous avez déjà « condamné » + un commentaire défavorable de cet argument	Il y a tout d'abord la prétendue invasion de la télévision et des journaux par la publicité, qui obligerait les gens à la regarder. Inutile d'y insister. Personne n'est obligé de la regarder. Il faut noter cependant que beaucoup de téléspectateurs et de lecteurs la trouvent agréable. Pourquoi faudrait-il alors la supprimer ?
3. Reprise du second argument avec commentaire + réfutation	Le deuxième argument est beaucoup plus solide. La publicité, dit-on, pousserait les gens à acheter des produits inutiles. Nul n'est obligé en fait d'acheter un produit et le fabricant a le droit d'informer le client de l'existence de ce nouveau produit et d'en montrer les qualités.
4. Dernier argument de l'adversaire	Le troisième argument insiste sur le fait que la publicité revient très cher à l'industriel et qu'elle augmente le prix du produit. Faut-il alors supprimer la publicité qui permet aux journaux et à la télévision de vivre et d'être aussi moins chers ?
5. Conclusion	**À vous de la rédiger.**

2. Vous êtes opposé à cet envahissement des écrans et des pages de journaux par la publicité. Vous rapportez les points de vue de vos adversaires et vous faites les mises au point que vous jugez justifiées.

1. Rappel de la position de l'adversaire	Les personnes favorables à la publicité s'étonnent que l'on veuille limiter sa place et que l'on ne soit pas sensible à ses charmes.
2. Reprise du 1er argument rapporté	Elles font valoir comme argument le fait que la publicité est agréable à regarder, qu'elle rend les journaux plus gais dans leur présentation.
1ère réplique	Il faut faire remarquer cependant que, même si elle peut être agréable à regarder, la place qu'elle occupe est beaucoup trop importante. Les journaux se transforment en catalogues publicitaires.
3. Reprise du 2e argument	Elles affirment aussi que la publicité est indispensable parce qu'elle informe les acheteurs.
2e réplique	En réalité, la publicité pousse les gens à acheter des produits inutiles. Elle n'informe pas, elle trompe.
4. Reprise du dernier argument	Quant à l'argument selon lequel la publicité est nécessaire parce qu'elle permet de vendre les journaux moins cher, il est inutile d'y insister.
3e réplique	La publicité revient très cher au fabricant du produit et c'est en définitive le consommateur qui la paie. Est-ce là un grand avantage ?
5. Conclusion	**À vous de la rédiger.**

EXERCICE

Parc naturel ou station de ski ?

Les amis de la nature sont inquiets. Un petit village des Alpes veut ouvrir une énorme station de ski dans un endroit qui, dans peu de temps, doit devenir un parc naturel, protégé contre toutes les atteintes de la civilisation.

– Ceux qui sont partisans de ce projet disent : ce parc naturel est indispensable. Il protégera les derniers chamois ainsi que des plantes très rares.

– Les habitants du village répliquent : nous ne voulons pas devenir un musée. Un parc naturel ne fait pas vivre les gens. Nous avons besoin d'emplois. Il faut empêcher les jeunes de partir. Nous avons besoin de cette station de ski.

Chacun des deux camps rédige un communiqué à l'intention de la presse en reprenant les arguments de l'adversaire.

Rédigez ces deux communiqués.

LES MOTS POUR RÉFUTER

RÉCAPITULATION

a. Lorsque vous vous opposez à quelqu'un, vous vous opposez d'abord à ce qu'il vient de dire. Vous rapportez ses paroles pour les critiquer :

Celui qui rapporte	Propos rapportés
Position neutre	*M. X : « Il faut ouvrir ce parc naturel. »* M. X **dit qu'**il faut ouvrir ce parc naturel. M. X **pense qu'**il faut ouvrir ce parc naturel. M. X **estime qu'**il faut ouvrir ce parc naturel. M. X **déclare qu'**il faut ouvrir ce parc naturel.
Position défavorable	*M. X : « La publicité informe le consommateur. »* M. X **prétend que** la publicité informe le consommateur. M. X **voudrait nous faire croire que** la publicité informe le consommateur.
Mise à distance	M. X **soutient que** la publicité informe le consommateur. M. X **affirme que** la publicité informe le consommateur. M. X **assure que** la publicité informe le consommateur.

b. Vous pouvez ensuite reprendre chacun des arguments de votre adversaire :
- Il présente plusieurs sortes d'arguments.
- Il s'appuie sur plusieurs sortes d'arguments.
- Il invoque un certain nombre d'arguments.
- Il fait valoir comme argument le fait que …
- Le premier argument invoqué …, etc.

c. À chacun de ces arguments, vous devez immédiatement répliquer :
- mais …
- or …
- en fait …, etc.

d. Si vous voulez insister sur le fait qu'un argument rapporté est sans valeur, qu'il n'est pas digne de retenir l'attention, vous pouvez ajouter :
- Inutile d'insister …
- Je ne m'attarderai pas sur …

5. FAIRE PASSER SON OPINION DANS UN DISCOURS

Celui qui argumente ne se contente pas d'assembler des arguments, d'organiser un raisonnement qui soit le plus cohérent possible. Il doit parfois, et souvent même c'est nécessaire, prendre plus directement position, se manifester dans son discours, pour emporter la conviction.

Exprimer un point de vue personnel	– selon moi	– **Selon moi,** le candidat de l'actuelle majorité va remporter les élections.
	– à mon avis	– **À mon avis,** il est plus difficile d'apprendre l'anglais que le français.
	– en ce qui me concerne / pour ma part	– **En ce qui me concerne,** je suis tout à fait favorable à l'instauration de quotas de femmes pour les élections législatives et municipales.
	– d'après moi	– **D'après moi,** l'équipe de France de football ne pourra pas remporter la prochaine Coupe du Monde.
	– je pense que	– **Je pense que** les films de violence à la télévision devraient être interdits.
	– il me semble que	– **Il me semble que** les jeunes cinéastes français ont beaucoup de talent.
Exprimer ce qui est certain	– il est certain que	– **Il est certain que** les impôts vont encore augmenter cette année.
	– il est indéniable / incontestable que	– **Il est indéniable que** beaucoup de jeunes préfèrent la télévision et les jeux vidéo à la lecture.
	– il va de soi	– **Il va de soi que** cette année, comme les années précédentes, tous les Français partiront en vacances au mois d'août.
Exprimer ce qui n'est pas certain	– il est probable que	– **Il est probable que**, malgré les efforts des municipalités, les plages seront encore polluées pour de nombreuses années.
	– il se peut que	– **Il se peut que** d'ici dix ans on envoie des hommes sur la planète Mars.
	– il est possible que	– **Il est possible que** nous connaissions à nouveau une période de sécheresse importante.
	– il serait étonnant que	– **Il serait étonnant que** la diminution du temps de travail permette de créer de nouveaux emplois.
Insister	– non seulement ... mais aussi / encore	– **Non seulement** la mère de famille qui travaille doit être à son bureau ou à l'usine huit heures par jour, **mais** elle doit **aussi** s'occuper de sa maison et de ses enfants.
	– si l'on ajoute encore	– Le bruit provoqué par la circulation automobile est considérable. **Si l'on ajoute encore** celui qui provient des différents appareils de radio, de télévision, des chaînes utilisées dans les maisons, on comprend pourquoi les Français achètent de plus en plus de tranquillisants.
	– même	– À l'heure actuelle, les enfants, et **même** les adultes, se passionnent pour les jeux vidéo.
	– à plus forte raison	– La multiplication des chaînes de télévision enlève de plus en plus de spectateurs au cinéma, **à plus forte raison** quand le prix des places dépasse les 45 F.
	– d'autant plus que	– Les jeunes sont très sensibles aux questions d'ordre humanitaire, **d'autant plus que** les médias y consacrent une place très importante.

Indiquer ce qui se ressemble	– il en va de même	– La publicité occupe de plus en plus de place dans les journaux. **Il en va de même** à la télévision.
	– on retrouve le/ la même	– Il est très difficile de trouver un logement à prix abordable à Paris. **On retrouve** d'ailleurs **le même** problème dans les grandes villes de province.
	– de façon identique	– Dans l'ensemble, les garçons préfèrent passer le dimanche avec leurs amis. Les jeunes filles réagissent **de façon identique.**
	– également	– Le régime d'aide aux jeunes chômeurs vient d'être modifié. Les étudiants boursiers sont **également** touchés par cette mesure.
	– de même	– **De même** que tous les Français sont attachés au régime de la Sécurité sociale, **de la même manière** ils ne veulent pas qu'on touche à leur système de retraite.
Mettre en relief	– c'est ... qui	– **C'est** le nouvel entraîneur de l'équipe de France **qui** a permis à celle-ci d'être qualifiée pour la Coupe du Monde.
	– c'est ... que	– **C'est** en général le français **que** les lycéens anglais choisissent comme première langue étrangère.
	– ce qui ... c'est	– **Ce qui** compte avant tout pour les jeunes aujourd'hui **c'est** de trouver du travail.
	– ce que ... c'est	– **Ce que** les gens préfèrent à la télévision, **ce sont** les films et les émissions sportives.
Situer à peu près	– quasiment	– Toutes les places du stades étaient **quasiment** réservées deux mois à l'avance pour la finale du championnat.
	– pour ainsi dire / à peu près	– Il n'y avait **pour ainsi dire** personne dans la salle de cinéma quand j'y suis entré.
	– à quelques détails près	– La plus grande partie de l'électorat, **à quelques détails près**, a préféré s'abstenir devant la médiocrité des candidats.
	– presque	– **Presque** tous les Français se déclarent attachés au maintien de la cellule familiale.
	– plutôt	– Pour les vacances, la tendance est **plutôt** à dissocier les séjours : partir une semaine ou deux en hiver et une ou deux semaines en été.
Attirer l'attention du locuteur	– notons que	– **Notons que,** depuis quelques années, le nombre de Français qui prennent l'avion pour partir en vacances est de plus en plus élevé.
	– sait-on que ... ?	– **Sait-on que,** chaque année, plusieurs dizaines de salles de cinéma ferment en France ?
	– précisons que / rappelons que	– **Précisons / rappelons que** la diffusion des hebdomadaires augmente chaque année.
	– il faut attirer l'attention sur le fait que...	– **Il faut attirer l'attention sur le fait que** les ressources pétrolières ne sont pas inépuisables.
	– Il faut mentionner que... / signaler que...	– **Il faut mentionner / signaler que** beaucoup d'écoliers passent plus de temps devant la télévision qu'en classe.

Expliquer un détail	– c'est-à-dire	– Les actifs non salariés, **c'est-à-dire** les artisans, les agriculteurs, les commerçants, les professions libérales représentent 23 % de la population active.
	– ce qui veut dire	– Chaque année, un peu plus de 9 000 personnes meurent encore sur les routes en France, **ce qui veut dire** que chaque année disparaît la population d'une petite ville comme Montrond.
	– ce qui signifie	– Dans leur majorité, les Français achètent dans les grandes surfaces et dans les centres commerciaux, **ce qui signifie** la disparition à terme des petits commerces de proximité.
Éviter un malentendu	– bien loin de	– L'interdiction de la circulation automobile dans le centre-ville, **bien loin de** constituer une gêne pour les citadins, leur facilitera au contraire la vie.
	– non pas pour ... mais	– Le voyage a été retardé **non pas pour** une question de désaccord, **mais** parce que le Président est tombé malade au dernier moment.
	– ce n'est pas ... mais	– **Ce n'est pas** par méchanceté qu'il a agi ainsi, **mais** par jalousie.
	– c'est moins ... que ...	– S'il ne réussit pas dans ses études, **c'est moins** par manque de moyens, **que** par paresse.

VI ARGUMENTER POUR...
LES TYPES D'ARGUMENTATION

On peut argumenter à propos de toutes sortes d'objets et en toutes sortes de circonstances. Mais cette diversité des formes de l'argumentation prend place cependant à l'intérieur de quelques grandes catégories de discours.

La tradition rhétorique distingue trois formes majeures portant autour des actes suivants :
– louer, blâmer (p. 81) ;
– conseiller, déconseiller (p. 87) ;
– accuser, défendre (p. 92) ;
– débattre (p. 95).

On ajoutera à ces grandes catégories celle qui consiste à examiner un sujet qui fait problème, sur un plan plus théorique ou plus général. On peut la retrouver dans le discours scientifique, le discours politique ou le débat d'idées. C'est ce que l'on appelait autrefois la thèse et qui prend aujourd'hui des formes variées. On parle ainsi d'essai, de dissertation dans le monde scolaire ou universitaire.

L'ensemble des constituants de l'argumentation que nous avons étudiés jusqu'à présent peut se fondre dans ces grandes catégories de discours.

I. LOUER, BLÂMER

On peut avoir à porter un jugement, moral ou esthétique, sur un objet, une action, un événement, une personne. Si on veut en dire du bien, on loue, on fait l'éloge. Si on veut en dire du mal, on blâme, on critique.

Observons :

La voile en solitaire : folie ou part de rêve ?

Les courses de voiliers en solitaire se multiplient. On traverse l'Atlantique, on fait le tour du monde, on navigue seul dans des zones très dangereuses. Des navigateurs disparaissent : Alain Colas, Loïc Caradec, d'autres font naufrage comme Isabelle Autissier, qu'il faut aller secourir dans des conditions périlleuses. N'est-on pas allé trop loin dans la recherche de l'exploit ?

Voici deux formulations possibles :

Blâmer / Critiquer	Procédure	Louer / Faire l'éloge
Les courses de voiliers en solitaire se multiplient et conduisent les navigateurs à prendre des risques de plus en plus importants, ce qui a déjà entraîné la mort de plusieurs d'entre eux. Peut-on rester ainsi sans réagir ?	*1. Rappel des faits* ◄ *négatif* *positif* ► *et interrrogation*	Les courses de voiliers en solitaire se multiplient et conduisent les navigateurs à relever à chaque fois de nouveaux défis. Doit-on les condamner pour cela ?
Parcourant les mers sur des bateaux trop légers, fragiles, avec trop de voiles, ces navigateurs prennent des risques énormes. Quand ils doivent dormir, le bateau n'est plus surveillé. En outre, ils naviguent sur des mers très dangereuses et prennent de tels risques uniquement pour attirer les sponsors et trouver les financements nécessaires à leur entreprise.	*2. Énumérer tout ce qu'il y a* ◄ *de mal* *de bien* ►	Les bateaux qu'ils utilisent sont performants, fabriqués avec les meilleurs matériaux, selon les techniques les plus avancées. Ils naviguent seuls et prennent des risques, c'est vrai, ils courent des dangers, mais pour eux-mêmes. Ils connaissent très bien la mer et cherchent d'abord à faire partager leur passion.
On parle de rêve ou d'aventure quand, en fait, on est en présence d'un comportement irresponsable. On parle d'exploit là où il n'y a qu'inconscience. Songeons aux risques qu'ils font courir à ceux qui doivent parfois leur porter secours. Quel intérêt enfin y a-t-il à gagner un jour la traversée de l'Atlantique ?	*3. Montrer qu'il n'y a aucun(e) des* *qualités* *défauts* *qui sont le contraire des défauts ou qualités déjà présentés*	Les navigateurs sont des gens responsables qui ne prennent aucun risque inutile, qui cherchent à être les meilleurs, à se dépenser et qui n'ont jamais mis en danger la vie de ceux qui leur ont porté secours.
Un bon navigateur peut être responsable et accepter des règles de sécurité comme dans les courses olympiques. Les courses automobiles de F1 ont su établir des règles très strictes et limiter le nombre d'accidents, ce qui n'est pas le cas des courses en solitaire.	*4. Comparer avec d'autres sports*	La course en solitaire fait moins de morts que la boxe ou la course automobile. Il n'est donc pas nécessaire de contenir le goût de l'aventure dans des règlements trop étroits. Ce que l'on veut, en réalité, c'est condamner un sport qui est ouvert à tous ceux qui ont la passion de la mer et de l'aventure.

Récapitulation :

Louer ou blâmer, c'est d'abord opposer deux façons de qualifier ou d'apprécier l'objet du discours :

- fragile → performant ; risque → aventure, passion ; inconscient → responsable.

1. On rappelle les faits.

2. On énumère d'abord tous les défauts ou toutes les qualités de la personne, de l'action dont on parle.

3. On réfute l'idée qu'il pourrait y avoir des qualités ou des défauts contraires à ceux qui viennent d'être énumérés.

4. Enfin, on peut se livrer à une comparaison pour faire apparaître, en parallèle ou en opposition, les défauts ou qualités de ce dont on parle.

5. On conclut.

- Il n'est pas interdit de faire à certains moments des concessions : « Ils naviguent seuls et prennent des risques, c'est vrai » pour ne pas avoir l'air de porter un jugement de façon trop sommaire.

EXERCICES

1

Les retraités sont-ils favorisés ?

Les retraités en France se portent bien. Leurs revenus ont considérablement augmenté ces dernières années et leur situation forme un contraste très fort avec celle des jeunes, menacés par le chômage, et aux revenus incertains. Plus de la moitié du patrimoine des Français est aux mains des personnes de plus de 60 ans, des retraités et, de plus, au titre de l'effort de solidarité entre Français, les retraités bénéficient d'une contribution très importante.

Faut-il le leur reprocher ? Faut-il les blâmer de jouir de tels avantages ?

La situation des retraités

Leur situation aujourd'hui	Ce qu'ils ont été
Ils ont payé leurs dettes. Ils voient leurs dépenses diminuer. Ils n'ont plus d'enfants à charge. Ils vivent plus longtemps. Ils seront de plus en plus nombreux. Ils s'occupent de leurs petits-enfants. Ils aident leurs enfants quand ils sont au chômage.	Ils ont connu une France pauvre quand ils étaient jeunes. Ils ont travaillé dur et longtemps. Ils ont aidé à reconstruire la France après la guerre.
Les chômeurs de longue durée constituent la véritable génération sacrifiée et non les jeunes.	

À partir de ces différentes données, rédigez deux textes en contraste, l'un où l'on critique les retraités, le second où l'on prend leur défense. Vous pouvez concéder sur certains points (voir p. 54), donner des raisons (voir p. 21).

Blâmer / Critiquer		Louer / Faire l'éloge
....	*1. Rappel des faits.*	....
....		....
....		....
....		....
....		....
....		....
....		....
....		....
....		....
....		....
....	*2. Énumérer*	....
....	*tout ce qu'il y a*	....
....	◄ *de mal* *de bien* ►	....
....		....
....		....
....		....
....		....
....		....
....		....
....		....
....		....
....	*3. Montrer qu'il n'y a*	....
....	*aucun(e) des*	....
....	◄ *qualités* *défauts* ►	....
....		
....	*qui sont le contraire*	....
....	*des défauts ou qualités*	....
....	*déjà présentés.*	....
....		....
....		....
....	*4. Comparer avec d'autres.*	....
....		....

2

Faut-il avoir peur de la télé pour les enfants ?

Pour beaucoup de parents, la télévision des enfants, c'est nul ! Des dessins animés mal faits, avec beaucoup de scènes de violence, des émissions de jeux et de chansons animées par des animateurs débiles, des séries niaises ! En somme, rien de bien, et cela d'autant plus que les enfants passent plusieurs heures par jour devant le poste (1 h par jour de 2 à 5 ans, 2 h par jour à 6 ans, 3 h par jour à 10 ans). On peut craindre le pire.

Contre	Pour
Elle banalise la violence.	La violence était présente dans les contes d'autrefois.
Elle tue l'imaginaire.	Elle peut être un appel à la rêverie.
Elle empêche les enfants de se concentrer en changeant constamment de chaîne.	Les enfants expriment leur autonomie en choisissant eux-mêmes leurs programmes.
Elle détourne de la lecture.	Elle prépare les enfants à l'abondance télévisuelle.
Mauvaise qualité générale des programmes.	Elle fonde une nouvelle culture enfantine dont les enfants parlent entre eux.

À partir de cet argumentaire, rédigez deux textes en contraste sur le même schéma que le texte de la page précédente.

Mais vous pouvez aussi chercher d'autres arguments à partir de ce que vous voyez sur les chaînes de télévision de votre pays.

....

....

....

....

....

....

....

....

....

....

....

....

3

Guy Delage : *Entre sport et livre des records*

Guy Delage a traversé l'Atlantique en cinquante-cinq jours, relié à un canot qui dérivait devant lui. Le nageur donnait des coups de palmes, six à sept heures par jour, puis montait sur son canot qui poursuivait sa route vers les Antilles, poussé par des courants marins et l'alizé. Nul ne peut nier qu'il a beaucoup souffert. D'abord victime du mal de mer, il a ensuite connu la panne de son ordinateur, un début d'otite, des attaques de requins, des piqûres de méduses, la rupture d'une palme, ainsi que du filin qui le reliait à son canot, la violence des vagues déferlantes qui ont une dizaine de fois recouvert son canot, la solitude enfin et le face à face avec un défi qui peut, à certains moments, paraître absurde. Toujours est-il que sa volonté a triomphé des obstacles et qu'il a gagné son pari.

Et pourtant l'aventure a été traitée par la presse avec la plus grande ironie. L'accueil qui lui fut fait ajouta à la confusion. En effet, une bagarre à coups de fusil sous-marin opposa les reporters qui avaient les droits de l'exclusivité à ceux qui tendaient leurs micros pour obtenir les premières impressions de Moïse sortant des eaux. Puis la polémique commença. « C'est un aventurier qui mérite une place dans le livre des records, mais il n'est pas digne de figurer parmi les sportifs de haut niveau. – Pourquoi ? – Parce qu'il a dérivé plus que nagé ; parce qu'il a parcouru les deux tiers de la distance sur son embarcation. – Mais il a nagé… – Oui, six heures par jour comme un sportif à l'entraînement. » Ainsi donc voit-on se profiler la distinction entre ce qui mérite le respect dû à un exploit sportif et la dérision que l'on inflige à l'excentricité.

L'exploit sportif doit d'abord s'inscrire dans une catégorie reconnue. Tous les navigateurs solitaires qui, depuis Alain Gerbault en 1923, ont effectué la trave sée et dont Laurent Bourgnon détient depuis 1994 record de vitesse, ne se voient jamais contester le brevet sportif. D'Aboville a traversé l'Atlantique à rame en 1980, très bien. Stéphane Peyron l'a fait planche à voile en 1987 : exploit accordé. Mais qui conna Rémy Bricka qui traversa le même océan en 1988 su des skis flottants de sa conception ? Voilà un concur rent relégué au chapitre de la fantaisie, le ski flotta n'étant pas une discipline admise. Quant à Alain Bomba qui prouva en 1952 qu'on pouvait traverser l'Atlantiqu en canot pneumatique sans eau, ni vivres, c'est le do teur, le scientifique, le bienfaiteur de l'humanité q recueille l'estime du public.

En ce qui concerne Guy Delage, son projet même com portait un vice de forme. Le parcours ne s'est pas effe tué par les seules vertus de la natation. Le palmeur accompli « un exploit de bouchon » selon le raccour plaisant d'un journaliste. Par ailleurs, le fait d'être rel à un canot donne l'impression qu'il a été tiré. Son gest même n'avait pas de beauté ; certains l'accusent d'avo « barboté ». Il faut une conception simple et une unit d'action pour que le sentiment sportif s'impose.

Devant les critiques, les promoteurs de l'opération o tenté de démontrer l'utilité scientifique de l'opératio (bilan médical, nutritionnel, technologique et ichtyolo gique : il y a finalement peu de requins dans l'Atlantique C'était bien l'aveu qu'on avait quitté le domaine du spor car devant une prouesse sportive, on ne se demand jamais à quoi elle sert.

Françoise Ploquin, *Le Français dans le Monde*, n° 27

1. **Repérez la partie consacrée au rappel de l'événement et celle consacrée à la discussion sur l'événement.**

2. **Dites si l'auteur du texte loue ou blâme l'exploit du sportif Guy Delage.**

3. **Identifiez le mouvement argumentatif que l'auteur de ce texte adopte.**

4. **Réécrivez ce texte en adoptant le point de vue opposé.**

LES MOTS POUR EXPRIMER UN JUGEMENT	
• Une critique, un jugement défavorable	**• Une louange, un jugement favorable**
– condamner – désapprouver – détester – blâmer – critiquer	– approuver – admirer – adorer – louer – féliciter – apprécier – aimer

2. CONSEILLER, DÉCONSEILLER

Certains débats portent sur la question de savoir si oui ou non il convient de prendre telle ou telle décision ; autrement dit, faut-il conseiller ou déconseiller à telle personne, telle assemblée, tel organisme de prendre telle ou telle décision ?

Pour emporter l'adhésion, il faut argumenter et adopter des parcours d'argumentation qui tiennent compte de l'ensemble des points de vue possibles.

Conseiller ou déconseiller, c'est enfin engager une argumentation qui doit déboucher sur une prise de décision. Ce n'est donc pas un débat théorique, mais un échange qui prend place dans des circonstances particulières et qui tient compte des possibilités ou impossibilités pratiques de la mise en œuvre d'une mesure, ce qui peut réduire l'éventail des arguments susceptibles d'être utilisés.

Observons :

Faut-il faire payer le prêt des livres dans les bibliothèques ?

Le maire d'une petite ville, soucieux de développer le goût de la lecture chez ses administrés, vient de terminer la construction d'une nouvelle bibliothèque. Les équipements intérieurs sont achevés. On est en train de procéder à l'achat des livres. Mais se pose maintenant la question de savoir s'il faut rendre les prêts payants, comme cela commence à se faire dans d'autres villes.

Le maire demande à son adjoint chargé des affaires culturelles de lui rédiger un rapport à ce sujet.

Soucieux de limiter les dépenses de la commune, ce dernier est plutôt favorable au prêt payant et rédige un rapport en ce sens.

Vous allez rédiger ce rapport en vous appuyant sur l'argumentaire suivant :

Prêt payant	Prêt gratuit
– 100 millions de livres sont empruntés chaque année, contre 300 millions seulement vendus. Le manque à gagner pour les auteurs et les éditeurs est important.	– La lecture gratuite est une conquête sociale.
– Quand un livre est épuisé, il peut continuer sa carrière dans les bibliothèques. Dans ce cas, l'auteur et l'éditeur ne touchent rien.	– Ceux qui empruntent des livres sont aussi de gros acheteurs.
– L'éditeur, faute de recettes suffisantes à cause des prêts gratuits, ne peut plus éditer de nouveaux ouvrages.	– Si les prêts deviennent payants, les lecteurs risquent de fuir les bibliothèques sans pour autant acheter des livres.
– Les gens acceptent de payer une redevance télévision assez élevée, ils peuvent donc accepter de payer un droit.	– Si les gens sont prêts à payer pour la télévision, ils ne le sont pas forcément pour les livres.
– La charge d'une bibliothèque est lourde pour les communes. Celle-ci doit pouvoir générer des recettes propres.	– En invitant les auteurs, en organisant des séances de signature, en organisant des expositions-ventes, les bibliothèques publiques aident déjà les auteurs et les éditeurs.

Plusieurs tactiques (voir tableau ci-dessous) sont possibles pour argumenter dans le sens d'un prêt payant.

1. L'adjoint peut **inciter** le maire à instaurer un prêt payant en **éveillant l'espoir** d'une **satisfaction** (satisf. +) liée à **l'application** de cette décision (réal. +). 5 (a.)

2. Mais il peut aussi bien le faire en **modérant l'espoir** d'une **satisfaction** (satisfac. +) liée à la **non-application** de cette décision (réal. –), c'est-à-dire en préférant la gratuité du prêt. 5 (j)

3. Mais le maire peut redouter que les gens ne fréquentent pas la bibliothèque si les prêts deviennent payants. Il faut alors **inciter** le maire en **modérant la crainte** d'une **insatisfaction** (satisfac. –) liée à **l'application** de cette décision (réal. +). 5 (o)

Comme vous pouvez le constater, le nombre de tactiques possibles, c'est-à-dire de parcours d'argumentation, est considérable. Tout dépend de l'idée que l'on se fait de la position de son adversaire.

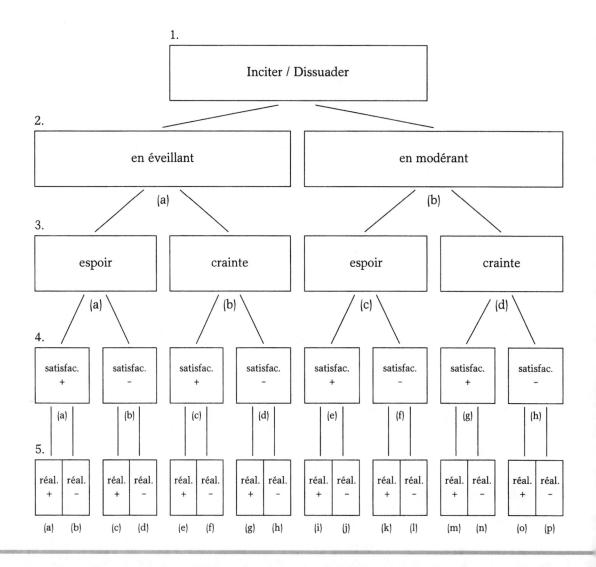

EXERCICES

1

a. **Vous rédigerez ce rapport sur une feuille séparée, en l'organisant de la façon suivante :**

1. Vous annoncez ce qui est en train de changer dans le domaine du prêt des livres (voir p. 11).

2. Vous présentez les conséquences de ce changement (voir p. 17).

3. Vous expliquez d'où vient selon vous le problème (voir p. 17).

4. Vous incitez votre interlocuteur à instaurer le prêt payant et vous modérez (2b) la crainte (3d) qu'il pourrait éprouver concernant les difficultés (4h) faisant suite à cette mesure (5o) (voir p. 88).

5. Au passage, vous concédez (voir p. 54) que cela puisse poser quelques problèmes pour certaines catégories de lecteurs.

6. Vous réfutez (voir p. 59) en même temps le point de vue de ceux qui préconisent le prêt gratuit.

7. Vous achevez en éveillant l'espoir d'une amélioration de la situation, liée à l'application de cette mesure (voir p. 88).

8. Vous récapitulez et concluez (voir p. 46).

Vous êtes au contraire persuadé que le prêt dans les bibliothèques doit être gratuit et vous voulez dissuader le maire de prendre une telle mesure :

– **Quel parcours, en vous rapportant au tableau de la page 88, allez-vous adopter ?**
– **Établissez un plan selon le principe du premier rapport.**
– **Vous rédigez le texte.**

2

Choisissez les parcours d'argumentation qui vous paraîtront les mieux appropriés à la position que vous défendez et celle du maire. Indiquez ce parcours à l'aide du code présenté dans le tableau :
1. (inciter ou dissuader), 2 (a) ou 2 (b), 3 (a) ou 3 (c), etc.

Vous êtes...	Le maire est...	Parcours
favorable au prêt payant	hostile au prêt payant et : – il craint de perdre des lecteurs	....
	– il croit dans la mission sociale des bibliothèques	....

Vous êtes...	Le maire est...	Parcours
hostile au prêt payant	favorable au prêt payant et : – il espère soulager les finances de la ville	....
	– il espère ainsi aider libraires et éditeurs	....

Vous êtes...	Le maire est...	Parcours
favorable au prêt payant	favorable au prêt payant	....
		....
hostile au prêt payant	hostile au prêt payant	....
		....

3

La violence de certaines séries télévisées inquiète de nombreux adultes, parents et éducateurs notamment. Certains en viennent à souhaiter que l'on interdise ce genre de séries à la télévision. On décide de réunir à cet effet une commission rassemblant (1) des respo[n]sables de chaînes télévisées, (2) des réalisateurs, (3) d[es] représentants de la justice, (4) des représentants d'a[s]sociation de parents et (5) des éducateurs.

1. **Faites apparaître les intérêts et positions de chacun dans la commission.**

2. **Recherchez les arguments que chacun peut faire valoir en fonction de ses intérêts.**

3. **Établissez le parcours (voir plus haut page 88) de chacun des représentants compte tenu de ce qu'il sait de la position générale de l'assemblée.**

4. **Rédigez à chaque fois le texte correspondant.**

4

ÉTUDE DE CAS

Voici un certain nombre de cas où il convient de prendre une décision. Dans certains cas, vous deve[z] définir les interlocuteurs possibles, leur position préalable. Selon que vous êtes l'un ou l'autre, que pouvez-vous conseiller et comment ? Indiquez votre stratégie à l'aide du schéma de la page 88.

1. Un de vos amis a fait une bêtise. En roulant en voiture à la nuit tombante, il a renversé un cycliste. Pris [de] panique, il s'est enfui. Il pense que personne ne l'a vu. Que pouvez-vous lui conseiller ?

2. Votre amie a divorcé d'avec son mari. Elle l'aimait beaucoup, mais il ne cessait de la tromper. Le temps pass[e] mais elle l'aime toujours. Son ancien mari vient la revoir et lui demande de revivre avec elle. Qu'allez-vous [lui] conseiller ?

3. Votre ami découvre par hasard que la femme qu'il aime l'a trompé. Mais c'est un épisode terminé. Il vous [en] parle. Que lui conseillez-vous ?

4. M. X. est un petit industriel spécialisé dans le textile. Son usine est installée dans une petite ville très touch[ée] par le chômage. Il subit la concurrence des pays où la main-d'œuvre est bon marché. Il pense délocaliser [sa] production dans un de ces pays. Mais il est aussi très attaché à sa région. Il sait qu'en faisant cela il condam[ne] sa ville. Que pouvez-vous lui conseiller ?

5. Votre amie est à l'université, en année de licence de psychologie. Mais ses études ne l'intéressent pas vraimen[t]. On lui propose un contrat de travail pour 6 mois dans une agence de voyages. Elle a envie d'accepter et d'arrêt[er] là ses études. Que lui conseillez-vous ?

6. Marie, élève de seconde au lycée, ne cesse de réclamer de l'argent à ses parents pour pouvoir sortir avec ses copains, assister à des concerts de rock, acheter des CD. Et quand ses parents refusent, c'est le drame. Faut-il répondre aux exigences de Marie pour éviter des drames ou adopter une attitude plus ferme ? Que leur conseilleriez-vous ?

7. Les cormorans sont des oiseaux qui se nourrissent de poissons. Ils constituent en France une espèce protégée. Depuis, ils sont devenus de plus en plus nombreux et mangent de plus en plus de poissons. Les pêcheurs français ne sont plus d'accord et demandent que l'on puisse se débarrasser de ces oiseaux. Que pourriez-vous conseiller à ces pêcheurs ? Que pourriez-vous conseiller à ceux qui sont chargés de protéger ces oiseaux ?

8. L'organisation du baccalauréat est de plus en plus lourde et de plus en plus complexe. Faut-il supprimer le baccalauréat et admettre les candidats à l'université sur dossier ?

9. Quand les couples divorcent, les juges ont l'habitude de confier la garde des enfants à la mère. Faut-il remettre cet usage en question ?

10. La fermeture des magasins le dimanche est obligatoire. Mais dans certaines rues de Paris, il y a beaucoup de touristes le dimanche qui seraient prêts à acheter. Faut-il laisser les magasins fermés et perdre une recette ou les laisser ouverts mais remettre en cause un principe important dans le domaine du travail ?

5

VOTRE PAYS, MODE D'EMPLOI

On vous demande de rédiger un texte invitant des voyageurs de langue française à visiter votre pays. Il s'agit donc (voir p. 88) de les inciter à faire ce voyage en éveillant l'espoir de satisfactions tirées de la visite de ce pays.

1. Vous faites l'inventaire des sites qui vous paraissent les plus intéressants (au besoin en vous aidant de brochures d'agences de voyages).

2. Vous incitez à visiter un certain nombre d'endroits, en les énumérant dans un certain ordre (du plus connu au moins connu, du plus facile d'accès au plus difficile, par exemple).

3. Vous rassurez (modérer la crainte d'insatisfaction, de déception) certains par rapport à ce qu'ils croient savoir des difficultés ou dangers à se déplacer dans certaines zones, à goûter à certaines cuisines.

4. Vous n'oubliez pas de récapituler (voir p. 46), pour finir sur une vision de synthèse.

LES MOTS POUR EXPRIMER UN AVIS

• **Conseiller**

- conseiller à X de...
- inciter X à...
- recommander à X de...
- préconiser à X de...

- inviter X à...
- appuyer X dans...
- engager X à...
- pousser X à...

• **Déconseiller**

- déconseiller à X de...
- dissuader X de...
- détourner X de...

• **Exprimer une position favorable**

- adhérer à...
- être d'accord avec...
- être favorable à...
- être bien disposé à l'égard de...
- ne pas être hostile / opposé à...
- se prononcer pour...

• **Exprimer une position défavorable**

- être défavorable à...
- être opposé à...
- être hostile à...
- être réservé à l'égard de / au sujet de...
- rejeter...
- se prononcer contre...

3. ACCUSER, DÉFENDRE

Certains actes, parce qu'ils se situent hors des limites admises et portent préjudice à des personnes ou à la société, font l'objet de condamnations plus ou moins sévères. Cette condamnation se fait au terme de débats, discussions, affrontements multiples où interviennent tour à tour ceux qui accusent et ceux qui défendent.

Ce genre de discours est lié le plus souvent aux procédures judiciaires, mais il peut aussi bien concerner des faits qui relèvent de la vie privée ou de situations de la vie professionnelle ou sociale.

Observons :

Stade tragique

Les faits

B. est une petite ville de l'ouest de la France qui se rassemble autour de son club de football. Celui-ci, grâce à l'enthousiasme et à la détermination de son équipe, est parvenu en quart de finale de la Coupe de France. Pour la demi-finale, match déterminant, il doit organiser la rencontre sur son terrain.

Pour commencer, considérons l'affaire suivante :

Mais le stade, qui appartient à la municipalité et qui est loué au club de football, est trop petit, mal équipé, ne répondant pas aux normes de sécurité. Toutefois le match est trop important pour le club, comme pour la municipalité. On décide d'étudier très rapidement des tribunes provisoires pour accueillir le public attendu.

La société chargée d'installer les tribunes doit faire vite, mais elle ne dispose pas de tout le personnel nécessaire et doit recruter un personnel temporaire insuffisamment qualifié.

Pour aller plus vite, la municipalité ne suit pas toute la procédure réglementaire. Elle ne recueille pas l'avis de toutes les commissions de sécurité. L'essentiel est que les tribunes soient prêtes pour le soir du grand match.

Hélas, c'est le drame. Le soir du match, dix minutes après le début de la rencontre, une des tribunes provisoires s'effondre. On compte une vingtaine de morts et plus de cent cinquante blessés.

• Dans une telle affaire, qui est coupable ?

Le club sportif qui ne disposait pas des installations nécessaires ? La municipalité qui n'a pas pris toutes les précautions nécessaires ? L'administration qui n'a pas fait son devoir de contrôle ? L'entreprise qui a travaillé trop vite et qui n'a pas effectué tous les contrôles techniques nécessaires ?

• Et d'autre part, est-on en présence d'une simple imprudence ? de la malchance ? de la fatalité ou d'une négligence aux conséquences criminelles ?

Tout ceci peut donner lieu à de nombreux débats dans la presse, avant même que l'affaire ne passe en justice. L'accusation comme la défense peuvent se situer à différents niveaux, selon que l'on reconnaît ou que l'on repousse l'accusation :

En **a** se situe l'axe de la défense, en **b** l'axe de l'accusation. (voir schéma ci-dessous)

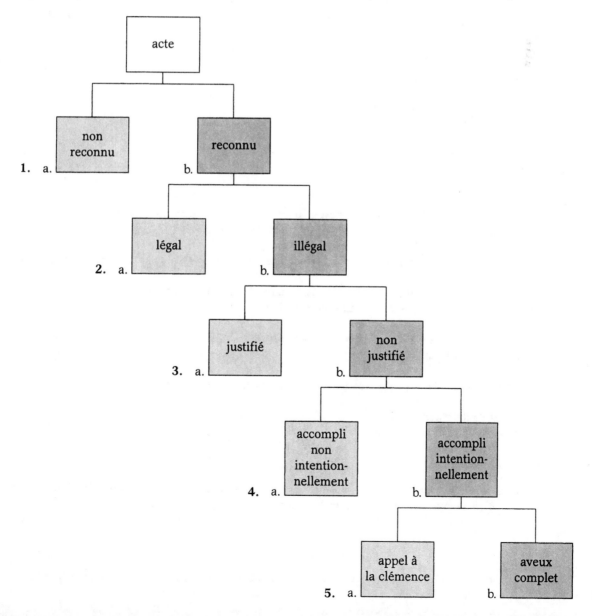

1. au premier niveau, le débat porte sur le fait de savoir si l'acte jugé est reconnu comme ayant été commis ou non. La défense nie, l'accusation maintient ;

2. au deuxième niveau, la défense peut admettre que l'acte a été commis, mais nie qu'il était illégal, l'accusation maintient que l'acte est illégal ;

3. au troisième niveau, la défense admet que l'acte est illégal, mais avance le fait qu'il était justifié (on peut invoquer le hasard, l'ignorance ou la force majeure). L'accusation maintient que l'acte n'est pas justifié ;

4. au quatrième niveau, la défense admet que l'acte commis n'était pas justifié, mais qu'il ne l'a pas été intentionnellement. L'accusation maintient que l'acte a été commis intentionnellement ;

5. en dernière étape, la défense admet que l'acte a été commis intentionnellement. En a, la défense fait appel à la clémence. En b, l'accusé s'en remet simplement au jugement du tribunal.

EXERCICES

I

Vous êtes journaliste et vous allez non seulement rendre compte de l'événement, mais essayer aussi d'établir les responsabilités, autrement dit vous allez accuser :

1. vous présentez l'événement et préparez le lecteur à recevoir une information grave (voir p. 6) ;

2. vous rapportez les faits (qui ? quoi ? où ? quand ? comment ? pourquoi ? dans quel but ?), en expliquant l'enchaînement des faits (voir p. 17) ;

3. vous argumentez votre accusation (voir tableau ci-dessus), en suivant l'axe b (mais vous pouvez concéder sur certains points) ;

4. vous concluez (voir p. 46) en soulignant la gravité des actes commis.

Rédigez l'acte d'accusation.

2

Face à ces différentes accusations, la municipalité réagit et cherche à se défendre. Elle va se situer d'abord en 1a, puis 2a, 3a en plaidant l'urgence. Vous rédigez ce communiqué.

3

La société chargée de monter la tribune admet 1b et 2b, mais se défend en 3a. Rédigez le communiqué de la société.

Le club de football n'est pas en reste. Il se défend. Il refuse 4a, à la rigueur admet 3a, il ne se pose même pas la question de 2a ou 2b, il se situe tout simplement en 1a. Il refuse toute responsabilité. Rédigez son communiqué.

Drame de la drogue

Au début, Pascal était un adolescent heureux. La vie lui souriait. Des parents qui s'occupaient de lui, un jeune frère et de nombreux amis. Il aimait le sport et rêvait de devenir footballeur professionnel. Mais progressivement tout change. L'humeur de Pascal s'assombrit. Il n'est plus le même. Des objets commencent à disparaître dans la maison, puis de l'argent. Sans qu'on sache très bien comment, Pascal est devenu toxicomane. Les parents sont atterrés, tentent tout ce qu'il est possible de tenter. Mais rien n'y fait. Pascal disparaît de la maison, puis réapparaît, devient de plus en plus violent. Les parents ont peur et veulent protéger le plus jeune frère. Un jour, la crise de violence est si forte, les menaces si inquiétantes que le père, à bout, tue Pascal d'un coup de fusil de chasse.

L'émotion dans la petite ville est immense, d'autant plus qu'une année auparavant un drame identique s'était déjà produit. Beaucoup de parents se sentent solidaires. Mais les associations de lutte contre la toxicomanie s'inquiètent.

Rédigez :

1. un article dans lequel le journaliste, tout en rapportant les faits, prend la défense du père ;

2. un article dans lequel le journaliste lance un cri d'alarme devant des méthodes aussi expéditives ;

3. l'organisation générale du réquisitoire du procureur à l'occasion du procès (en vous aidant du schéma de la page 88) ;

4. l'organisation générale de la plaidoirie de la défense (en vous aidant du tableau de la page 88).

4. DÉBATTRE

Le débat, ou la thèse que l'on se propose de soutenir, constitue une autre grande catégorie de discours d'argumentation. Les trois autres (louer / blâmer, conseiller / déconseiller, accuser / défendre) font à chaque fois référence à des situations particulières et sont souvent liées à des décisions à prendre.

Avec le débat, on se situe à un niveau plus général de réflexion. Il ne s'agit pas, par exemple, de savoir s'il faut condamner ou acquitter telle personne qui a été conduite à commettre un crime, mais de poser de façon plus générale le problème des parents face au drame de la drogue.

Ce qui constitue le débat d'idées, une réflexion, se retrouve le plus souvent comme exercice dans l'institution scolaire sous la forme de dissertation ou d'essai.

Existe-t-il une forme particulière d'organisation de ce type de texte ? Partons du thème suivant :

Observons :

---

1. Faut-il adopter les enfants des pays les plus pauvres ?

Devant le spectacle de la détresse d'enfants abandonnés ou survivant dans des conditions particulièrement dramatiques, certaines personnes vivant dans les pays les plus développés sont tentées de partir là-bas chercher un enfant pour le ramener et l'adopter. Faut-il encourager ce type de pratique ?

Deux versions peuvent être écrites, selon que l'on est favorable ou hostile à ce genre de pratique. Voici rédigée la version pour, rédigez la seconde.

Pour		Contre
Nombreuses sont les familles qui souhaitent adopter un enfant, mais qui, en France, se heurtent à de nombreuses difficultés : démarches longues, enquêtes multiples, avec très peu de résultats positifs. Aussi certaines personnes préfèrent-elles se rendre en Asie, en Afrique ou dans certains pays d'Amérique du Sud pour y chercher un enfant et le ramener en France. Que penser de telles pratiques qui, trop souvent, mettent les parents adoptifs dans des situations contestables d'un point de vue moral ?	*introduction*	Nombreuses sont les familles qui souhaitent adopter un enfant, mais qui, en France, se heurtent à de nombreuses difficultés : démarches longues, enquêtes multiples, avec très peu de résultats positifs. Aussi certaines personnes préfèrent-elles se rendre en Asie, en Afrique ou dans certains pays d'Amérique du Sud pour y chercher un enfant et le ramener en France. Que penser de telles pratiques qui, trop souvent, mettent les parents adoptifs dans des situations contestables d'un point de vue moral ?
Rappelons tout d'abord qu'il ne s'agit pas d'arracher un enfant heureux à sa famille, mais de le sauver d'une misère extrême et de l'abandon. Mieux vaut la chaleur d'un nouveau foyer que le désespoir d'un orphelinat.	*bien* *mal*	....
Ainsi adopté, l'enfant va échapper à la misère et au malheur. C'est là un devoir de solidarité qui s'impose à toute famille qui a la possibilité de s'occuper d'un enfant.	*nécessaire* *inutile*	....

Par ailleurs, cette adoption se fait toujours conformément à la loi en vigueur dans le pays où l'on va chercher l'enfant. Tout se fait dans les règles et avec toutes sortes de garanties.	*légal*	*illégal*	....
Adopter un enfant venu d'ailleurs ne pose pas plus de problème qu'une adoption dans son propre pays. Il faut aimer l'enfant, l'entourer de tous ses soins. C'est là l'essentiel.	*facile*	*difficile*	....
Certes, il se peut que certains parents aient eu à passer par des intermédiaires douteux, à verser des commissions. Mais est-ce trop cher payer pour avoir le droit de sauver un enfant ?	*réfutation de l'objection*	*réfutation de l'objection*	....
Adopté dans la légalité, l'enfant est sauvé de la misère et de l'abandon. Il retrouve un foyer ; Il peut reprendre pied dans la vie.	*conclusion*		....

L'objet du débat peut donc être apprécié d'un point de vue moral (bien / mal), du point de vue du devoir à accomplir (nécessaire / inutile), d'un point de vue normatif (légal / illégal), d'un point de vue pratique (facile / difficile à réaliser, à réussir). On doit réfuter les objections qui peuvent être présentées et qu'on doit avoir présentes à l'esprit, pour enfin conclure (soit en concédant sur certains points mineurs, soit en réfutant globalement).

2. L'école doit-elle dispenser des connaissances générales ou assurer une formation professionnelle ?

Beaucoup de jeunes se posent la question de l'intérêt des études, au moins dans leur forme actuelle, face à la montée du chômage. Est-il bien nécessaire de consacrer autant d'énergie et de temps à acquérir des connaissances générales quand il faut disposer très tôt de compétences professionnelles très pointues ?

Comment traiter une telle question ?

Votre opinion est que l'école doit dispenser des connaissances générales. Choisissez une des réponses à partir des points de vue suivants :

- **nécessaire :** qui peut savoir de quelles connaissances particulières on aura besoin tout au long de sa vie professionnelle ?

• **légitime** : l'école ne crée pas d'emplois, c'est l'économie. L'école doit donc se limiter à sa fonction traditionnelle ;

• **utile** : les connaissances générales permettent, par la suite, d'acquérir toutes sortes de connaissances / savoir-faire particulier(s) ;

• **facile** : dispenser des connaissances générales est plus facile que d'assurer une formation professionnelle dont les contours sont appelés à changer constamment.

Il faut aussi pouvoir réfuter les objections que l'on peut faire à ce type d'analyse.

EXERCICES

1

À partir de ces indications

1. Établissez la liste de tous les arguments qui vous viennent à l'esprit en remplissant le tableau.

2. Rédigez sur une feuille séparée les deux textes exprimant un des choix posés au départ :

L'école doit dispenser des connaissances générales		L'école doit assurer une formation professionnelle
....	*Introduction*	....
....	*nécessaire* *nécessaire*	....
....	*légitime* *légitime*	....
....	*utile* *utile*	....
....	*facile* *facile*	....
....	*réfutation* *réfutation*	....
....	*de* *de*	....
....	*l'objection* *l'objection*	....
....	*conclusion*	....

2

Faut-il accorder le droit de vote aux étrangers ?

De nombreux pays abritent des populations d'origine étrangère plus nombreuses et qui s'installent pour de très nombreuses années, quand ce n'est pas pour la vie. Ces étrangers travaillent, paient des impôts, ont les mêmes devoirs que les citoyens du pays. Aussi certains proposent-ils que le droit de vote leur soit accordé, puisqu'ils participent à la vie du pays, au même titre que les autres citoyens.

Que pensez-vous d'une telle proposition ?

1. Recherchez les arguments favorables ou défavorables à une telle proposition.

2. Classez ces arguments en fonction des catégories de jugement abordées plus haut.

3. Rédigez deux textes de sens opposé, selon le schéma proposé pour les deux exercices précédents

LES MOTS POUR EXPRIMER UN JUGEMENT DE VALEUR

RÉCAPITULATION

Débattre d'une question consiste à l'examiner à partir d'un certain nombre de jugements de valeur portés à son sujet. Ainsi, à propos du vote des étrangers, on peut se demander si une telle mesure est opportune ou inopportune, réalisable ou irréalisable.

• Exprimer un jugement moral

bien : – bien, convenable, louable, méritoire

juste / légitime : – admissible, juste, légitime, justifié, fondé, mérité, légal, équitable

mal : – déplorable, désolant, lamentable, mauvais

injuste / illégitime : – arbitraire, injuste, injustifié, illégitime, immérité

• Exprimer un jugement technique

utile : – avantageux, intéressant, indispensable, profitable, satisfaisant, utile

efficace : – bénéfique, bienfaisant, efficace, salutaire, sûr

opportun : – approprié, convenable, favorable, indiqué, opportun, propice

réalisable : – exécutable, faisable, possible, réalisable

inutile : – inutile, superflu, vain

inefficace : – dangereux, inefficace, inoffensif, inopérant, nocif, nuisible, pernicieux, préjudiciable

inopportun : – inapproprié, déplacé, intempestif, inopportun

irréalisable : – impraticable, infaisable, impossible, inexécutable, irréalisable

• Exprimer un jugement normatif

normal : – banal, compréhensible, conforme, convenable, correct, courant, commun, exact, familier, habituel, légitime, normal, ordinaire, usuel

vraisemblable : – admis, assuré, certain, exact, établi, incontestable, plausible, prouvé, sûr, vrai, vraisemblable

légal : – légal, légitime, officiel, réglementaire, régulier, recevable, valide, valable

anormal : – anormal, bizarre, curieux, étonnant, étrange, exceptionnel, extravagant, extraordinaire, erroné, faux, inaccoutumé, inattendu, incorrect, inexact, inhabituel, insolite, original, particulier, singulier, spécial)

invraisemblable : – invraisemblable, improbable, inexact, contestable, discutable, douteux

illégal : – illégal, illégitime, irrégulier, irrecevable

• Exprimer un jugement esthétique

beau : – admirable, agréable, avenant, beau, exquis, charmant, délicat, délicieux, enchanteur, éclatant, exquis, gracieux, harmonieux, fin, joli, magnifique, majestueux, merveilleux, plaisant, ravissant, splendide, sublime, superbe

laid : – abominable, affreux, atroce, déplaisant, disgracieux, épouvantable, hideux, informe, grotesque, horrible, laid, vilain, ennuyeux

POINTS DE REPÈRE

Au terme de ce parcours sur l'argumentation, une vue d'ensemble pour retrouver ce qui a déjà été abordé point par point. Tout d'abord des textes à analyser et à produire, ensuite des sujets et thèmes de réflexion empruntés à divers domaines et qui vous permettront d'appliquer tout ce que vous avez appris.

1. ORGANISER UN DÉVELOPPEMENT ÉCRIT

Voici à titre d'exemple un développement écrit qui reprend l'essentiel des constituants du discours d'argumentation.

La peur du nombre

Les pays développés ont, ces trente dernières années, connu une faible croissance démographique et une forte croissance économique. Beaucoup de gens en déduisent qu'il y a là une relation de cause à effet. La Conférence du Caire, tenue en septembre 1994, aboutit à une résolution qui fait le même raisonnement : limitons les naissances pour obtenir le développement.

Pour ma part, je soutiens l'argument contraire. C'est le développement qui entraîne une baisse de la fécondité. On n'a jamais pu établir comment un contrôle a priori de la démographie pouvait entraîner un développement économique.

En revanche, les mécanismes par lesquels le développement détermine une baisse de la fécondité sont connus et se vérifient au niveau individuel. Le développement entraîne une scolarisation plus longue et un plus fort coût des enfants, donc on en fait moins. Il donne aussi aux parents la possibilité d'investir dans la réussite sociale. En France, la mobilité sociale a été une des causes importantes de la baisse de la fécondité au XIXe siècle [...]. Ou bien encore, on agissait ainsi pour donner la meilleure éducation possible à l'enfant unique. C'est ce qui est en train de se produire en Chine par exemple.

En revanche, dans les pays où la mobilité ascendante est improbable, l'intérêt d'avoir peu d'enfants est beaucoup moins clair. Dans la plupart des sociétés rurales, les enfants nombreux multiplient les chances de réussite, et apportent en tout cas une aide à la famille car ils représentent une force de travail quand la scolarité est peu développée.

À supposer qu'on trouve de l'argent, il ne suffit pas de construire des écoles dans les pays du Sud pour obtenir des résultats. Les parents n'acceptent cette contrainte de l'école que si elle ouvre des perspectives de promotion. Pour accepter cette éducation de masse, il faut des motifs très puissants, religieux ou économiques. C'est sans doute le développement qui conduit à une demande d'éducation, plus que l'inverse. Et il y a un rapport direct entre l'éducation, en particulier celle des femmes, et la fécondité. C'est ainsi que le développement entraîne une baisse de la fécondité.

Hervé Le Bras, *Sciences Humaines*, n° 50, mai 1995.

Essayez de retrouver les constituants du discours d'argumentation :

1. type de texte : débat (p. 95) ;
2. prises de position : démentir et corriger (pp. 70-71) ;
3. mouvements argumentatifs : réfuter (p. 63) ;
4. étapes dans l'argumentation 1er paragraphe : poser le problème (p. 35) ; 2e paragraphe : conclure (p. 46) ; 3e, 4e et 5e paragraphes : arguments et exemples ;
5. formes de raisonnement et relations logiques : réfuter en niant la relation de cause à effet (p.60) ; expliquer (p. 21) ;
6. rappel ou évocation des faits : 1er paragraphe : les faits, les changements (p. 6) ; 3e, 4e et 5e paragraphes : exemples (p. 44).

EXERCICES

Retrouvez dans le texte suivant :

– la visée générale (s'agit-il de conseiller ou de déconseiller, de condamner ou de défendre, de louer ou de blâmer, de soutenir une thèse ?) ;
– le mouvement de l'argumentation (s'agit-il d'approuver, de nier, de concéder ?)
– la présence de l'auteur ? Que signifie-t-elle ?

Je n'irai plus à Baume-les-Messieurs

Si l'on arrache les tilleuls vénérables* qui montent, depuis des siècles, une garde d'honneur devant l'entrée de la célèbre abbaye, je n'irai plus contempler cette vallée de la Seine qui m'est si chère. Je n'emprunterai plus le chemin qui conduit jusqu'à ces pierres taillées avec tant de passion par des compagnons amoureux de leur métier. Je tirerai un trait sur ce village et j'en éprouve une profonde tristesse, car j'y compte de très bons amis. À une époque où l'on savait ce que représente un arbre, des êtres fortement attachés à ce haut lieu de poésie et de foi ont planté des tilleuls que leurs descendants ont ensuite entretenus, soignés, élagués avec amour.

Jusqu'au jour où sont arrivés des « gens de progrès » pour qui l'existence d'un arbre ne signifie rien. Allez donc leur faire comprendre que c'est l'âme de leur terre, que la sève pousse vers les feuillages qui jouent avec le ciel !

Je ne suis pas un spécialiste, mais j'ai interrogé ceux dont c'est le métier de sauver des arbres. Ils sont formels : soigner les sujets malades coûte moins cher que de les déraciner pour les remplacer par des jeunes. Même si les tilleuls de Baume sont mal en point, on peut les traiter. On doit les traiter. [...]

Il est regrettable qu'on ne puisse pas poursuivre pour

vandalisme ceux qui décident, par manque d'éducation, de mettre à mort des ancêtres vénérables. Je pense avec émotion, avec douleur aussi, et pourquoi ne pas l'avouer ? avec honte aux générations qui ont vécu à l'ombre de ces feuillages. Je pense à ceux qui ont appris à leurs enfants qu'un arbre est un être vivant qui met beaucoup de temps pour grandir, pour forcir.

* Les tilleuls de Baume ont trois cents ans. […]

Bernard Clavel, *Libération*, 29.11.95, D.R.

....

....

....

....

....

2

Voici un certain nombre de données concernant le chômage et les explications que l'on donne généralement à son sujet.

Les faits (octobre 95)	
1. Le nombre de demandeurs d'emploi a augmenté de 0,3 % en octobre dernier. 2. 3 240 300 chômeurs en octobre 95. 3. 1 045 900 chômeurs de longue durée. 4. 597 400 chômeurs de – de 25 ans.	
Les explications	**La réfutation**
1. Utilisation excessive des machines et des ordinateurs. 2. Importations de produits en provenance des pays pauvres. 3. Salaires trop élevés en France. 4. Développement des emplois à temps partiel ou à durée limitée.	1. Le travail évolue et la mécanisation a permis de créer beaucoup d'emplois. 2. Fermer la France aux produits provenant de ces pays entraînerait des mesures de représailles. 3. D'autres pays d'Europe connaissent des salaires plus élevés avec un chômage moins important. 4. L'entreprise doit pouvoir s'adapter à un marché qui évolue très rapidement.

À partir de ces données, rédigez les textes suivants :

– un texte centré sur la représentation des faits (voir page 6) ;
– un texte centré sur l'explication des faits (voir page 17) ;
– un texte dans lequel vous marquez vos distances par rapport aux explications proposées (voir page 73) ;
– un texte dans lequel vous argumentez pour réfuter les explications habituellement proposées (voir page 59) ;
– un texte dans lequel vous argumentez pour réfuter le point de vue précédent (voir page 59).

3

Simulation

Scénario

Une île près de la côte française sur l'Océan Atlantique. Une eau claire, du grand air, des zones encore sauvages où l'on peut se promener, faire du vélo. 5 000 habitants l'hiver, 20 000 l'été. Une maison sur deux est une résidence secondaire. Autant dire que l'île vit du tourisme et de la construction des maisons.

Mais voilà, il y a une loi de protection du littoral qui interdit toute construction à moins de 100 mètres de la mer. Les services de l'État, par l'intermédiaire du Préfet, ont décidé de faire désormais appliquer la loi, sous peine de voir des constructions apparaître un peu partout et le site se dégrader.

Depuis, rien ne va plus. Les entrepreneurs, les artisans-maçons se voient soudain privés de travail, les propriétaires de terrain découvrent qu'ils ne peuvent ni le vendre ni construire dessus. Le conseil municipal démissionne pour protester contre la décision du Préfet.

De nouvelles élections municipales se préparent. Les forces en présence sont les suivantes :

1. une liste « Développer l'île » qui comprend des professionnels du bâtiment, des commerçants, des gens de l'île propriétaires de terrain ;
2. une liste « Protéger l'environnement » qui comprend des personnes soucieuses de limiter les constructions, de préserver la beauté de l'île ;
3. une association de personnes propriétaires de résidences secondaires « Défendre l'île », peu soucieuses de voir se multiplier les constructions ;
4. des électeurs de l'île, indécis ;
5. les services de l'État, qui souhaitent appliquer la loi et faire prévaloir l'intérêt général.

---

1. Pour chacun des groupes en présence, établir une liste d'arguments correspondant à leur position, leurs intérêts propres.

2. Pour chacun des groupes, mettre en relation une série d'arguments et en tirer une conclusion. (Voir chapitre II, Les relations logiques.)

3. La liste « Développer l'île » rédige un texte à l'intention des électeurs de l'île pour les appeler à voter pour elle.

4. La liste « Défendre l'environnement » fait la même chose.

5. Le président de l'association « Défendre l'île » écrit aux deux responsables des listes pour leur faire connaître son point de vue.

6. Le Préfet adresse une lettre aux deux responsables pour justifier le point de vue de l'Administration.

7. La liste « Développer l'île » répond à l'affiche de la liste « Défendre l'environnement ».

8. La liste « Défendre l'environnement » réplique à l'affiche « Développer l'île ».

9. Le responsable de chacune des listes répond au président de l'association « Défendre l'île ».

Avant de rédiger, vérifiez chaque fois :

– la nature du mouvement argumentatif (voir chapitre IV, Les mouvements argumentatifs) ;

– le mode de prise de position (voir chapitre V, Prendre position) ;

– le type d'argumentation (voir chapitre VI, Les types d'argumentation).

10. Le journaliste d'un quotidien régional fait un reportage sur la situation de l'île. Il expose les faits, explique la situation, rapporte la position de chacun (voir chapitres I, II et III).

11. Le journaliste d'un magazine national, plutôt favorable à la protection de l'environnement rappelle les faits et développe un débat plus général sur les problèmes de protection de l'environnement et de développement économique (voir chapitre VI).

LES MOTS POUR ORGANISER UN DÉVELOPPEMENT

Pour commencer / L'origine du problème

- Il y a quelques jours...
- Depuis un certain temps...
- À l'occasion de... X a fait / dit...
- D'année en année...
- Il est fortement question...
- Les récents événements de ... ont mis en évidence...
- ... telles sont les réflexions entendues...
- On parle beaucoup en ce moment de...
- Dans une étude consacrée à ... X affirme / ose le problème de...
- Peut-on / Doit-on ... ; telle est la question posée par...

La question

- Ce / Cette ... pose le problème de...
- Quelles vont être les conséquences de...
- Que faut-il penser de...
- La question de ... est à nouveau posée...
- Est-ce là vraiment la solution...
- Pense-t-on ainsi résoudre le problème de.
- Est-il vrai que...
- Est-il exact que...
- Peut-on accepter que...

Arguments à l'appui / Restriction

- en effet...
- sauf si...
- à moins que...

Conclusion du raisonnement

- par conséquent...
- c'est pourquoi...
- ainsi...
- si bien que...

Conclusion générale

- Donc...
- Ainsi...
- Finalement...
- En résumé...
- En définitive...
- En somme...
- On voit par ce qui précède...
- Il résulte de ce qui précède...
- On peut conclure en disant que...

THÈMES ET SUJETS DE RÉFLEXION

Voici, à titre d'exemple, un certain nombre de « sujets » proposés au baccalauréat français (fin d'études secondaires) en français et en philosophie. Essayez de les traiter, au moins sous forme de plan :

Sujets du Bac (1992)

Sujets de français

. « Les événements du siècle ont dissipé nos illusions ! Le progrès de la science ne garantit ni le progrès des hommes, ni celui des sociétés », écrit Raymond Aron dans ses *Mémoires*.
  Vous direz si vous partagez cette opinion en appuyant votre argumentation sur des exemples précis.

. Attendez-vous du personnage principal d'un roman qu'il soit un héros ?

. « La presse est-elle autre chose qu'un bruit aveugle et permanent qui détourne les oreilles et le sens vers une fausse direction ? », se demandait le philosophe Nietzsche en 1880.
  Partagez-vous la sévérité de ce point de vue ? Vous ne limiterez pas forcément votre analyse au domaine de la presse écrite.

Sujets de philosophie

. Peut-on être l'historien de son temps ?
. La croyance religieuse implique-t-elle une démission de la raison ?
. L'intérêt général est-il la somme des intérêts particuliers ?
. Pourquoi l'homme peut-il être inhumain ?
. La passion éloigne-t-elle de la réalité ?

Sujets d'hier

Remontons maintenant un peu dans le temps et voyons ce qui était proposé dans les collèges au début du XIXᵉ siècle :

1ᵉʳ sujet

À vous de rédiger

Discours d'un sénateur romain contre le projet de transporter le siège de l'Empire à Byzance

Argument

L'orateur célébrera d'abord les commencements du règne de Constantin, la force et la gloire rendues à l'Empire, les barbares repoussés, les lois florissantes, Rome enfin rappelée à son ancienne grandeur.

Il s'étonnera qu'on veuille, en ce moment même, placer l'Empire dans une ville grecque. Il reconnaîtra les avantages de la situation de Byzance ; mais il demandera s'il n'y avait pas aussi quelques avantages dans la situation de Rome, qui a soumis l'univers.

C'est la tradition des souvenirs, c'est le patriotisme qui fait la force des peuples. Sans doute la puissance romaine est-elle attaquée jusque dans l'Italie, mais..., etc.

Joseph-Victor Leclerc, *Nouvelle Rhétorique*, 1822
(cité par A. Chervel).

2ᵉ sujet

À vous de rédiger

Un Indien se rend à Londres, et fait devant le Parlement la peinture de la tyrannie et de la rapacité (
Warren Hastings, gouverneur de l'Indoustan.

Proposé par Antonin Roche, directeur de l'Educational Institute de Londr(
in *Du style et de la composition française,* 185

Casuistique

**Au XVIIᵉ siècle étaient proposés des cas, complexes, pour lesquels il n'y a pas de solution éviden(
a priori, des cas de conscience en somme. En voici deux, à titre d'exemple :**

1. Victor ayant abusé de Catherine, sous la promesse de l'épouser et ayant eu un enfant dont elle
accouché secrètement, l'a ensuite épousée en face de l'Église, mais s'en est repenti aussitôt, il l
quittée sans avoir consommé le mariage, et s'en est allé au Danemark. Catherine, dont le péch
n'est pas connu, a fait profession de religion. Son mari, de retour au bout de six ans la redemand
et prétend que la fornication qui a précédé le mariage tient lieu de consommation. Catherine doi
elle obéir, ou Victor peut-il, sur son refus, en épouser une autre ?

2. Abel doit assister à l'élection d'un abbé et demande quelles qualités doit avoir celui qu'on élir
Lequel des trois sujets doit être élu ?
   – l'un a beaucoup de science et assez peu de régularités,
   – le second est très régulier, mais fort peu éclairé,
   – le troisième est moins habile que le premier mais beaucoup plus exact, quoiqu'il le soit moir
   que le dernier ;
   Lequel, dis-je, de ces trois mérite la préférence ?

Présentés par J. Gritti, *La Casuistique, Communications,* n° 11, 196

Quelle réponse pourriez-vous donner et comment l'argumenter ?

Pensées

On proposait aussi aux élèves des collèges, à la même époque, de développer des pensées :

1. Il n'est pas de chemin impraticable pour la vertu.
2. Les vices s'apprennent sans maîtres.
3. Les princes ne sont pas les seuls à faire des fautes.
4. La volupté est mère de tous les maux.
5. Je porte tout avec moi.
6. Il n'y a rien de si petit qui ne grandisse par la concorde.
7. Les plus grandes fortunes s'écroulent par la discorde.

Présentés par A. Collinot et F. Mazière, *L'exercice de parole,* éd. des Cendr(

ujets pour aujourd'hui

evenons maintenant à aujourd'hui. Voici un certain nombre de thèmes de débat, de discussion.

Au secours, je suis timide !

suis assez timide. Il suffit qu'on dise mon nom je rougis tout de suite ! C'est surtout à l'école ue ça me bloque vraiment. Si on m'interroge, j'ai cœur qui se met à battre à cent à l'heure, j'ai s mains qui tremblent. Je pense que c'est un anque de confiance en moi [...]. Je fais du piano, bien je n'arrive pas à en jouer devant des amis u devant des parents. En revanche je fais de la anse, et là, je suis tout à fait à l'aise. J'aimerais uand même mieux être plus sûre de moi. Sinon, a risque de me gêner plus tard dans mes études u dans mon métier. Avec les amis, c'est complè-

tement différent. Je suis sociable. Mais je préfère qu'ils viennent vers moi plutôt que d'aller vers eux. Dans un groupe, quand il y a quelqu'un que je ne connais pas, je ne sais pas comment l'aborder. Je sais que je ne m'exprime pas très bien. En plus, je ne me sens pas très cultivée, alors je ne sais pas trop quoi dire. Il faut dire que je fais très atten-tion à l'opinion que les autres ont de moi. Je ne veux pas gêner.
(Ségolène, 16 ans, 1re).

Phosphore, avril 1995.

ue peut-on conseiller à Ségolène ?

Un journal peut-il publier la feuille de paie ou la déclaration d'impôt d'un grand personnage de la vie politique ou économique sans tomber sous la condamnation de porter atteinte à la vie privée des gens ?

Même si les femmes ont leur place à tous les postes de travail et à tous les niveaux de la hié-rarchie, il faut reconnaître que, lorsqu'elles at-tendent un enfant cela pose problème. C'est ce que répètent beaucoup de chefs d'entreprise. Qu'en pensez-vous ?

Certains spécialistes estiment qu'en réduisant le temps du travail, cela permettra de créer de nou-veaux emplois. Qu'en pensez-vous ?

Qui représente le mieux, selon vous, la chanson française : Charles Aznavour, Georges Brassens, Yves Montand, Barbara, Gilbert Bécaud ou bien Mano Negra, Vanessa Paradis, M. C. Solaar, Louis Chedid, les Négresses Vertes ?

Une présence accrue de forces de police dans les banlieues difficiles est-elle la solution pour lutter contre la violence et la délinquance ?

Depuis quelque temps, on se met à organiser des discussions philosophiques dans certains cafés

à Paris. Ce genre de lieu vous paraît-il propice à l'organisation de tels débats ?

8. On dit très souvent que les défenseurs de la nature n'aiment pas les hommes. Êtes-vous d'accord avec ce point de vue ?

9. Une paire de gifles ou une bonne fessée n'ont jamais fait de mal à un enfant. Êtes-vous d'accord ?

10. « Je hais les touristes », s'est écrié un journaliste. Partagez-vous ce point de vue ?

11. Faut-il toujours transformer les centres-villes en zones piétonnes, avec bacs à fleurs, terrasses de café ou pizzerias et magasins de vêtements ?

12. Est-il souhaitable d'établir des quotas pour que les communautés ou personnes mal repré-sentées dans la vie politique, économique (femmes, beurs, par exemple) le soient mieux ?

13. Faut-il poursuivre des expérimentations sur les animaux au nom des nécessités de la recherche scientifique ?

14. On ne cesse de développer un peu partout les actions en faveur de la lecture. Mais, sachant que

dans bien des cas les gens se limitent à lire des livres de la collection Harlequin ou des romans de Barbara Cartland, certaines personnes se demandent si cela vaut vraiment la peine d'encourager les gens à lire pour de tels résultats.

16. Chaque année, au moment de l'ouverture de la saison de la chasse, partisans et adversaires de cette pratique s'affrontent. Faut-il interdire la chasse, comme le demandent certains, au nom du respect des animaux ?

17. Faut-il interdire l'ouverture de nouveaux magasins à grande surface, sous prétexte qu'en faisant disparaître le petit commerce, ils suppriment des emplois ?

18. Beaucoup d'écrivains ont écrit à côté de leur œuvre un journal ou des carnets dans lesquels ils parlent d'eux-mêmes au quotidien. Est-il plus intéressant de lire ces écrits intimes où l'auteur s'exprime librement ou leur œuvre de création proprement dite ?

LES MOTS POUR EXPRIMER...
L'ART ET LA MANIÈRE DE CONVAINCRE

border
n sujet, un problème) :
: mettre à parler de quelque
: ose.

:cuser : attaquer quelqu'un
: propos de quelque chose.

dmettre : accepter ce que dit
: uelqu'un.

ffirmer : présenter quelque
: ose comme vrai.

pprouver : dire qu'on est
: accord avec ce qu'a dit ou ce
: u'a fait quelqu'un.

appuyer
ur un argument
our dire que) :
: servir de.

rgument : élément qui vient
: l'appui d'une conclusion.

rgumenter : apporter des
: rguments à l'appui d'une
: onclusion.

ssurer : présenter quelque
: hose comme vrai.

ttribuer
ine chose, une déclaration à) :
: onner la cause, l'origine de.

vancer
in argument) :
: résenter.

oncéder : le fait de recon-
: aître que l'adversaire a raison
: ur un point.

onclure : arriver à la fin
: 'un développement ou
: 'un exposé.

condamner : porter un
jugement défavorable sur
quelqu'un ou quelque chose.

convaincre : arriver à faire
changer quelqu'un d'avis au
terme d'une argumentation.

critiquer : montrer les
défauts.

débattre : examiner une idée
sous différents aspects,
confronter différents points
de vue.

déclarer : annoncer quelque
chose de façon très claire.

déduire : tirer une ou
plusieurs conclusions d'une
affirmation.

démentir : affirmer que ce
qui vient d'être dit est faux.

démontrer : montrer qu'une
conclusion est vraie à l'aide de
preuves.

développer : expliquer ou
montrer quelque chose avec
tous les détails.

disposer : mettre les
arguments dans un certain
ordre.

discuter : examiner tous les
aspects d'un problème, le pour
et le contre.

expliquer : rendre clair, faire
comprendre le sens de
quelque chose.

exposer : présenter une suite
d'idées à quelqu'un.

formuler
(un avis, un point de vue) :
exprimer un avis, un point
de vue de manière précise.

hypothèse : ce que l'on propose, sans preuves véritables
au départ, pour expliquer telle
ou telle chose.

invoquer : faire appel à,
se servir d'un argument pour
démontrer quelque chose.

justifier : montrer à l'aide
d'arguments, de preuves,
que quelque chose est vrai.

objecter : utiliser un
argument pour répondre à
l'adversaire et montrer qu'il
est dans l'erreur.

opinion : façon particulière
de voir ou de juger les choses.

persuader : amener
quelqu'un, à l'aide de preuves
ou d'arguments, à changer
d'avis ou à partager votre
point de vue.

prétendre : affirmer quelque
chose sans être assuré de sa
vérité.

preuve : ce qui sert à
démontrer qu'une chose est
vraie.

protester : marquer de façon
très vive que l'on n'est pas
d'accord avec ce qui vient
d'être dit ou ce qui a été
décidé.

raisonner : apporter des raisons à l'appui d'une conclusion, conformément à un ordre de présentation et d'enchaînement de nature logique.

reconnaître : admettre que le point de vue adverse est fondé ou que l'on a eu tort d'avancer tel point de vue.

réfuter : repousser l'avis de quelqu'un à l'aide d'arguments.

répliquer : répondre immédiatement à quelqu'un.

reprocher : critiquer quelqu'un de ce qu'il a pu dire ou de ce qu'il a pu faire.

réserves
(formuler, faire des) : manifester son désaccord sur certains points.

soulever
(un problème, une objection) : signaler un problème, une objection qui n'avaient pas été pris en compte.

soutenir
(un point de vue, une thèse) : affirmer un point de vue, une opinion à l'aide d'un certain nombre de raisons.

thèse : point de vue particulier sur un problème que l'on va essayer de justifier.

vérifier : examiner une chose pour voir si elle est vraie ou si elle correspond à ce qui a été annoncé.

Achevé d'imprimer en France
par Dupli-Print à Domont (95)
en juin 2011
N° d'impression : 177068

Dépôt légal : 06/2011
Collection n° 06 - Edition n° 11
15/5071/4